教育家观察

PERSPECTIVE OF EDUCATORS

"双减"时代的教育改革

郅庭瑾 ◎ 主编

华东师范大学出版社

·上海·

图书在版编目(CIP)数据

教育家观察:"双减"时代的教育改革/郅庭瑾主编. —上海:华东师范大学出版社,2022

(教育家观察丛书)

ISBN 978 - 7 - 5760 - 2750 - 1

Ⅰ.①教… Ⅱ.①郅… Ⅲ.①中小学教育-教育改革-研究-中国 Ⅳ.①G639.21

中国版本图书馆 CIP 数据核字(2022)第 055288 号

教育家观察

"双减"时代的教育改革

主　　编　郅庭瑾

责任编辑　彭呈军

特约编辑　单敏月

责任校对　时东明

装帧设计　卢晓红

出版发行　华东师范大学出版社

社　　址　上海市中山北路 3663 号　邮编 200062

网　　址　www.ecnupress.com.cn

电　　话　021 - 60821666　行政传真 021 - 62572105

客服电话　021 - 62865537　门市(邮购)电话 021 - 62869887

地　　址　上海市中山北路 3663 号华东师范大学校内先锋路口

网　　店　http://hdsdcbs.tmall.com

印 刷 者　上海龙腾印务有限公司

开　　本　787×1092　16 开

印　　张　10.75

字　　数　193 千字

版　　次　2022 年 7 月第 1 版

印　　次　2023 年 4 月第 4 次

书　　号　ISBN 978 - 7 - 5760 - 2750 - 1

定　　价　48.00 元

出 版 人　王　焰

教育家观察

张明远 题

本书出版得到上海市教委"教育综合改革共享机制"研究项目经费支持

《教育家观察》简介

观察是指细察事物的现象和动向。观，指的是看和听；察，则是分析与思考。观察是以视觉为主，融察看和审视等多种感觉为一体，包含积极深刻的思维活动的综合感知，是认识世界、获取知识的重要途径，也是科学研究的重要方法。观察甚至被誉为学者的第一美德。

教育家是在教育思想理论或教育教学实践方面有创见、有贡献、有影响的各方面杰出人物。它不是一种头衔或者代表某种身份，优秀的教育研究者、管理者、一线教师都可以在某种意义上成为教育家。带着问题和思想，对教育过程或场景进行专业细致的观照和探察，即教育观察或观察教育，同样极有意义和价值。无论是研究者、管理者、实践者，专业、理性的观察乃是教育研究洞察力、想象力和生命力之所在。

《教育家观察》系列图书定位为一个发表专业观点、交流教育思想和实践经验的学术平台，面向所有关心、思考、研究教育的读者，每册聚焦 1 个主题，旨在**观照重大改革，洞见现实热点，传播前沿思想，引领未来走向**。通过全面回应教育改革与发展中的现实问题和热点问题，为教育行政提供决策依据和信息，为学校领导提供办学方向和借鉴，为各类读者提供思考问题的专业视角。

《教育家观察》由教育部中学校长培训中心主办。

"人民教育家"于漪和著名教育学家、北京师范大学资深教授顾明远先生担任总顾问。

顾问委员会

（以姓氏笔画为序）

《教育家观察》总顾问

顾明远先生
寄语《教育家观察》

我们的教育如果要变得更好,就要找出问题所在。当前教育的问题是什么?我觉得,那就是还没有摆脱应试教育的困境。正因为此,学生的学习负担重,学生被学习、被教育的状况依旧没有改变。教师和家长逼着学生学习,这样的教育是没有希望的。

中国教育处在从数量发展到质量提高的关键时期。提高教育质量,要明确基础教育的任务。我觉得基础教育首要的任务是打好三方面的基础。第一,打好学生身心健康成长的基础;第二,打好学生终身学习的基础;第三,打好学生走向社会的基础。根据这三个基础,我们来设计怎么把小学教育和中学教育办好。

减轻学生课业负担是关系到培养什么人、怎样培养人的问题,是贯彻党的教育方针,落实立德树人的问题。负担减轻了,才有可能真正做到"五育"并举,使学生德智体美劳全面发展,成为社会主义建设者和接班人。

规范治理校外培训机构是减负的重要环节。校外培训机构应该成为学校教育的补充,为学生在某些方面的兴趣特长提供服务,如提供体育、音乐、舞蹈、美术、科技等个性化资源,丰富学生的校外生活。

减负并非一减了之,要加强公共教育供给,使学生的学习生活丰富多彩。学校、家庭、社会都要对学生课余时间负起责任,提供公共教育服务。

北京师范大学资深教授
中国教育学会名誉会长
2022.2.12.

《教育家观察》总顾问

于漪先生
寄语《教育家观察》

　　百年大计,教育为本,基础教育则是本中之本。基础教育从事的是人的基本建设,给人的思想道德、行为习惯、科学文化打基础,为其终身发展奠基。一个人能不能和谐发展,能不能充分地释放潜能,成就人生,相当程度上取决于他在青少年时期所接受的基础教育质量。为此,就要时刻把"人"放在第一位,牢牢树立"全面育人观",聚焦在学生的全面发展和终身发展上。

　　就国家和民族的发展而言,今天的基础教育,就是明天的国民素质和未来的民族性格,它直接关系到国家在国际格局中能否形成人力资源的优势,关系到国家建设和发展是否有后劲,关系到中华民族伟大复兴的宏图大业,其战略地位和战略意义不可等闲视之。

　　中国的基础教育,就是要培养有一颗中国心的现代文明人,要培养有中国自信、中国自尊的,能放眼世界的,为世界和平做贡献的人,也就是能真正屹立于世界民族之林的中国人。而在中国的土地上办教育,就一定要坚持走中国特色的教育发展之路,以教育自信创建自信的教育。

　　"双减"作为重构基础教育体系的重大改革,校长的角色担当和实践作为至关重要。优秀的校长一定要研究人,尊重学生的成长规律,将一切为了学生发展的教育目标真正落到实处;要精心培养教师,以人育人,以心动心,以情激情,让每一个教师闪发光彩。

"人民教育家"
全国教书育人楷模
"改革先锋"
于漪
2022年2月8日

卷首语

寻求教育规律的共识

教育非常重要,教育也非常复杂。教育的复杂性既与教育在现代社会系统中与社会其他各个系统纵横交错的关系有关,也与教育的重要性越来越凸显,人们对教育越来越重视有关。

由于不同人的立场、观点、经历、利益诉求不同,对教育的希望和判断也就不同。如何在千头万绪的议论中寻求共识,如何在千差万异的利益诉求中找到最大公约数,是提高决策的科学性、公平性,实现利益最大化的首要保证。

正因为如此,关于教育问题的讨论往往不仅是一个政策议题、学术问题,更充斥于日常生活和网络空间,其中虽不乏真知灼见,但大量的是基于经验和感受的片面观点。当前的中国,深化教育改革、引领教育发展,迫切需要研究人的成长规律和学习的发生规律,需要教育回归并遵循培养人应有的规律,需要熟悉学习者成长规律和教育教学规律者,在更大的范围内发出更专业更理性的声音。

华东师范大学教育学作为世界一流建设学科,承担着服务国家战略、反映民情民意、引领正面舆论的使命。设在华东师大的教育部中学校长培训中心,是汇聚教育家的高端平台,也是教育家成长的摇篮,被誉为"中学校长的抗大"。在这里创办一个研究者、决策者、管理者、实践者们交流思想、发挥影响的学术平台,不仅有优势、有条件,更是回应时代赋予的历史责任。郅庭瑾教授担任教育部中学校长培训中心副主任,也是国务院学位委员会公共管理学科评议组成员,长期以来从事教育管理领域的研究和决策咨询工作,她领衔创办《教育家观察》,体现了一个教育学者的责任担当和专业追求。

首期《教育家观察》以"'双减'时代的教育改革"为主题,可以说恰逢其时。"双减"是我国基础教育格局的重大调整,对政策设计、学校管理、教育教学、家庭教育都带来严峻挑战,也是政策制定者、学校管理者、教师、家长和学生都在思考又为之困惑的问题,迫切需要新的思想理念、新的实践经验和新的研究证据，对"双减"时代的教育改革指明方向，提供方案。

　　衷心希望编写组在顾问团队的专业指导下，在业界同行的大力支持下，把《教育家观察》办成把握体现教育规律，反映教育先进理念，切实解决现实问题的高水平学术平台，为教育实践、教育研究和教育决策作出应有的贡献。

华东师范大学终身教授

2022 年 2 月 9 日

目　录

CONTENTS

本期导读

2021年5月21日，习近平总书记主持召开中央全面深化改革委员会第十九次会议，审议通过了《关于进一步减轻义务教育阶段学生作业负担和校外培训负担的意见》（以下简称《意见》）。7月24日，新华社全文播发了以中办、国办名义出台的《意见》。减轻"学生作业负担"和"校外培训负担"（以下简称"双减"），字面看是减轻"学生作业"和"校外培训"两个负担，具体举措是提高学校的"作业管理"、"课后服务"、"课堂教学"三个水平，更为深远的目标是要遵循教育应有的规律，优化教育的整体生态，构建高质量的教育体系。从这个意义上说，"双减"政策通过打开"小切口"，意在实现"大改革"，不仅是对我国教育格局的重大调整，更是教育观念的根本重塑。

本期特稿邀请上海纽约大学校长、华东师范大学党委原书记童世骏教授，从哲学层面对"双减"政策进行深度审视和阐释；邀请国家教育咨询委员会委员杨东平先生，从源头出发对课程和教材减负进行深入论述和独到解析。

研究人员对"双减"政策有哪些思考和研究？观察与观点栏目邀请戚业国教授剖析基础教育的政策博弈及"双减"后的名校行动逻辑，郅庭瑾教授梳理高中教育政策演进并瞻望"双减"后的教育转向；董辉和李廷洲分别聚焦家长的焦虑和教师的挑战进行实证调研与问题讨论。

"双减"成效如何关键在于落地实施。区域行动栏目邀请上海市静安区教育局局长陈宇卿、长宁区教育局局长熊秋菊，黄浦区人大常委会副主任（时任黄浦区教育工作党委书记）姚晓红，浦东新区教育发展研究院院长李百艳，对上海市四个各具特色的教育强区在区域层面回应"双减"政策的举措和成效与思考一一作了呈现；学校层面对"双减"的实施和作为，邀请了静教院附校张人利、延安初级中学许军、风华教育集团堵琳琳三位正高级的特级校长分别概括提炼典型经验。

——编者

特稿

1. 追求本末相宜的教育理想
——"双减"政策的哲学思考

童世骏

提　要: 教育公共政策的制定和调整,应在把握教育领域何者为"本"、何者为"末"的基础上,根据"本末相宜"的原则,处理好教育的内在价值与工具价值的关系,教育的培育功能与选拔功能的关系,以及教育选拔的社会分工作用和社会分层作用的关系。 为使这些关系真正处理得当,还要强调教育公共政策内部各个方面的协同性,以及教育公共政策与其他社会政策之间的协同性。

作　者: 童世骏,华东师范大学哲学系教授,上海纽约大学校长

万事皆有"本""末",教育尤其如此;先秦儒家有关"物有本末,事有终始。知所先后,则近道矣"(《大学》)的论述,可谓教育哲学的第一原理。教育公共政策的制定和调整,应以这个原理为根本依据,在把握教育领域的何者为"本"、何者为"末"的基础上,力戒教育领域的有本无末、有末无本、本末倒置甚至本末对立,追求"本末相宜"的教育理想。

一

教育作为一种人类活动,既有内在价值,又有工具价值。相对来说,教育的内在价值是"本",而教育的工具价值是"末"。要追求"本末相宜"的教育理想,教育的内在价值和工具价值既不能两者缺一,也不能轻重倒置,更不能彼此对立。

说教育具有内在价值,是说教育本身就是重要的,而并不因为教育以外的什么东西才是重要的。更确切些说,当我们对人之为人、对良好的人生之为良好的人生下一个定义的时候,很自然地会把教育作为定义的内容当中:教育是有组织的学习过程,而人就是一个不仅会学习,而且会进行自觉的、合作的和有组织的学习过程的物种。

任何动物都要学习,但只有对于人类来说,学习才具有那么重要的意义;用德国哲学家尤尔根·哈贝马斯(Jürgen Habermas)的话来说:"没有另一个物种像我们那样,在进入这个世界的时候,是那么幼稚、那么无助。也没有另外一种动物,要在那么长的养育期内,依赖于家庭的保护,依赖于一种与其同类

借助于文化而主体间分享的公共文化的保护。①借助于"内在价值"和"工具价值"这对范畴,我们可以这样来描述学习与人类的关系:恰恰因为学习对于人类这个物种的生存发展所具有的特别重要的工具价值,学习成了人类这个物种借以区别于其他物种的根本特征,因此而具有了特别重要的内在价值。《论语》以"学而时习之,不亦说乎?"一句开卷,或许并非偶然;子曰"知之者不如好之者,好之者不如乐之者",可能就是在说,学习对于人之为人,对于良好人生之为良好人生,是具有根本意义的。

任何动物都会学习,但只有对于人类来说,学习才会具有自觉的、合作的和有组织的形式。美国心理学家迈克尔·托马塞洛(Michael Tomasello)指出,人类具有其他动物所没有的积累性文化进化方式,即人类的文化传统和人造物品的种种变化,是会经历时间过程而得到积累的。② 托马塞洛把这种积累性文化进化方式比作"棘轮效应",即对于人类文化进化来说,关键不在于特定个体或群体所能做出的创造性发明,而在于这种发明会得到一种特定的社会传播,它就像防倒转的棘轮一样能够防止倒退。"许多非人类的灵长类个体通常会做出行为上的智慧创新,制造出新事物,但其他的群体伙伴并不进行社会性的学习,而只有这种学习才能使那种文化的积累效应随着时间的推移发生作用。"③托马塞洛和他的合作者们进一步把人类所特有的这种文化进化方式分为三种基本类型:模仿学习、接受教导学习与合作学习。他说:"这三种类型的学习都是文化学习,它们之所以可能是因为一种非常特殊的社会认知形式,即个体生命体有能力把同物种成员理解为与自己相同的生命个体,把他们理解为有意向有心智的生命体,就像自己一样。这种理解使得个体能够模拟他人的心智,因此他们就能够不仅从他人那里学习,而且是通过他人学习。"④

从人类学习(尤其是接受教导学习与合作学习而不仅仅是模仿学习)对于人之为人的特殊重要性,可以看出教育对于人之为人的特殊重要性,因为"接受教导学习"与"合作学习"与我们通常所说的"教育"——不论是家庭教育、学校教育还是社会教育——其实是同一枚硬币的两面。托马塞洛在讨论人类学习时提到自闭症:"受到这种综合征折磨最严酷的个体不能把他人理解为像自我那样的有意向/心智的行动者,也不能从事人类特有的文化学习。"⑤说自闭症患者不能从事人类

① JÜRGEN HABERMAS. Between Naturalism and Religion:Philosophical Essays,translated by Ciaran Cronin Polity,2008,第13—14页.
② (美)迈克尔·托马塞洛. 人类认知的文化起源[M]. 张敦敏,译. 北京:中国社会科学出版社,2011:4.
③ 同上书,第5页.
④ 同上书,第5页.
⑤ 同上书,第6页.

特有的文化学习,其实也就是说他们不能接受人类特有的文化教育。对于"教育具有事关人之为人的内在价值"这个观点来说,我们或许可以把自闭症患者无法接受正常教育作为其负面例证,而把那么多退休人员乐此不疲地参加各种形式、各种科目的"老年大学"的学习,作为这个观点的正面例证。在实际生活中我们看到,越来越多的退休人员饶有兴趣地参加老年大学的这个班、那个班,完全不是为了考证书、谋职业、求提拔;对他们来说,教育之所以重要,仅仅因为教育是人之为人、良好人生之为良好人生的内在要素。

肯定教育具有内在价值,并不意味着否定教育的工具价值。教育(以及学习)之所以对于人之为人、良好人生之为良好人生具有根本意义,恰恰是因为模仿学习、尤其是接受教导学习与合作学习,使得现代人类的祖先即智人在与其他物种(包括南方古猿)的竞争当中拥有了特殊优势。从这个角度来说,教育的工具价值和内在价值是不可分割的。随着人类个体所处社会环境的不断复杂化(这本身也是人类学习的结果),人类学习的自觉性和协作性的提高,既有了更好条件,也有了更大必要;而这种提高的结果,就是教育活动——具有高度目的性和功能性的有组织的学习活动——作为一个社会分工领域,从社会其他领域当中分化出来。如果用"本末相宜"的思路来处理教育的内在价值和工具价值的关系,就必须在肯定教育的内在价值为"本"的同时,承认教育的工具价值这个"末"有一席之地;用魏晋时期哲学家王弼的话来说,"守母以存其子,崇本以举其末"。① 按照孔夫子的"工欲善其事,必先利其器"(《论语·卫灵公》)的思路,尤其是根据现代社会系统的功能要求,教育作为一个专门领域与其他社会领域相分离以后,必须履行它所特有的社会功能;对这个领域的价值评估,必须根据它的功能状况。目的再正当,理想再美好,如果没有相应的工具与手段去实现,就相当于守株待兔(虽有目的,但没有手段),或者缘木求鱼(虽有手段,但不适合目的),甚至饮鸩止渴(手段不仅仅与目的不一致,而且与目的相对立)。

从某种意义上说,"双减政策"的出台,最重要的整治目标是教育领域的饮鸩止渴现象——因为只关注其工具价值而重视教育,教育对于人之为人和良好生活之为良好生活的内在价值,却受到忽视、压抑甚至破坏。教育本来是人之为人的自然需要,是人的本质力量的自然体现;但现实生活当中,往往是过重的学业负担损害学生的身心健康,导致诸多年轻生命的厌世甚至轻生。这种情况并非只限于中国;美国当代哲学家迈克尔·桑德尔(Michael Sandel)在2021年出版的著作《精英的傲慢》一书中,提供了有关美国的此

---

① 王弼. 王弼集校释(上). 楼宇烈校释. 北京:中华书局,1980:95.

5

类情况。① 桑德尔从政治哲学的角度分析这种现象的原因，对此我们在下面还会提到；同样值得注意的是桑德尔的美国前辈约翰·杜威（John Dewey）从教育哲学角度进行的分析。杜威常常因为他主张的哲学立场的名称——"实用主义"——而被认为是重教育的工具价值而轻教育的内在价值的；但从杜威对教育与人类经验之间内在联系的强调来看，他恰恰是反对把教育的工具价值和内在价值割裂开来的，而主张"教育者的职责就是为学生安排那种不仅不会让学生感到厌恶，而且能激发其活动兴趣的经验；它带给学生的，不仅仅是直接的快乐，而且能促使学生获得未来值得向往的各种经验"。② 从强调教育与被教育者的个体生命经验之间有机联系出发，杜威批判他所谓的"传统教育"；杜威对"传统教育"之弊端所做的一些描述，或许有助于我们思考当代中国的教育现象：

"在传统教育里，学生或教师所具有的经验大部分是错误的，作出这样的判断是恰当的。例如，有多少学生变得对观念麻木不仁，又有多少学生因为受其体验过的学习方法的影响而丧失了学习的动力！有多少学生通过机械地联系而获得一些专门的技能，以至于其判断能力和明智行事的能力在新的情况下受到限制！有多少学生一提起学习过程就感到无聊和厌倦！有多少学生发现他们所学到的东西与校外的生活情境如此大相径庭，学校并没有给他们以控制校外的生活情境的力量！有多少学生一提起书本就联想到枯燥乏味的苦差事，以至于他们能接受其他一切东西的'约束'，却唯独不能接受华而不实的阅读材料的'约束'！"③

二

教育作为一个社会系统，它既有培育功能，也有选拔功能；相比之下，教育的培育功能是"本"，而教育的选拔功能是"末"。要追求本末相宜的教育理想，教育的培育功能和选拔功能既不能两者缺一，也不能轻重倒置，更不能彼此对立。

教育本来是人类生活世界非反思地发生着的自发过程。这里所说的"非反思"和"自发"并不是说教育活动不需要自觉意识就会发生。人类成年个体与其幼年个体之间的关系，当然是不同于与动物成年个体和其幼年个体之间的关系的，而这种不同的关键，是人类成年个体已经具备了相对成熟的自觉意

---

① "近期对美国100多所大学的67000名大学生进行的一项研究发现，'大学生面临前所未有的压力'，包括抑郁症和焦虑症患病率的上升。在过去一年里，每五名大学生中就有一人有自杀的念头，每四名大学生中就有一人被诊断为患有精神疾病或接受过治疗。2000—2017年，年轻人（20—24岁）的自杀率上升了36%。现在死于自杀的人比死于他杀的人多。"迈克尔·桑德尔. 精英的傲慢[M]. 曾纪茂译，朱慧玲校. 北京：中信出版集团，2021：201.
② 杜威. 经验与教育[M].//杜威全集（晚期著作），第十三卷. 上海：华东师范大学出版社，2015：10.
③ 同上书，第9—10页.

识。但人类成年个体对幼年个体实施教育是一回事,把教育作为人类活动的一个领域进行思考、作为社会分工的一个领域加以规范,则是另一回事。只有人类社会进化到了相当阶段,教育才成为一个专门的人类活动领域;只有到了现代社会,教育才不仅成为人类活动的一个专门领域,而且成为社会分工的一个专门系统。套用哈贝马斯的批判理论的术语,现代社会的教育,像现代社会的法律一样,既属于以语言为导控媒介的"生活世界",也属于以货币和权力为导控媒介的"系统"。考察人类社会有两个角度。从"参与者"角度看,人类社会是"生活世界",人类在其中通过语言交往获得对于人类生活之为人类生活所必不可少的意义、团结和认同,进而实现人类生活的"符号再生产";从"观察者"角度看,人类社会则是"系统",人类在其中通过劳动和技术而与自然环境进行互动、通过应对来自外部环境压力和自身生理需求,而实现人类社会的"物质再生产"。在进入现代社会之前,"生活世界"和"系统"虽然可以从概念上区分开来,但在现实中却混在一起,比如教育活动,它以主要发生在家庭和社区的非正式教育的形式,既服务于人类社会的符号再生产(幼儿成为社会的成年成员),也服务于人类社会的物质再生产(把幼儿培养成社会的劳动主力)。只是到了现代社会,才出现有系统组织的人类个体之社会化过程,才出现了家庭和传统社区之外的正式的学校教育体系,它不仅继续履行生活世界之符号再生产

中的人类个体之社会化的职能,而且直接承担(基于权力的)行政系统和(基于货币的)经济系统所"交办"的"任务";在很大程度上,教育逐渐成为行政系统的一个部门,或者经济生活的一个门类。作为旨在批判资本主义现代性之弊端的社会批判理论传统的继承者,哈贝马斯指出西方现代化过程中发生了"系统对于生活世界的殖民化",其表现是系统(行政系统和经济系统,往往是通过法律的中介)借助于权力或货币不仅支配了生活世界中只能用交往和理解来实现的文化之更新和社会之规范,而且支配了生活世界中同样只能通过交往和理解来实现的个体之社会化过程,也就是教育过程。这种"殖民化"的结果,就是社会研究者会经常提到的意义匮乏、社会失序和认同危机等"现代性危机"现象。中国的情况与西方的情况不完全相同,但从教育与生活世界、行政系统和市场系统三者之间的关系考察当前中国教育,或许会得到一些重要的启发。

教育作为生活世界的组成部分,其根本功能是促进人的成长。关于这一点,约翰·杜威也有很好的论述。我们在前面提到,杜威反对把教育的内在价值和工具价值截然分开,而主张教育过程本身就是它的目的,在其自身之外没有任何目的。在对"教育过程"本身进行说明的时候,杜威强调教育就是对人自身所具有的各种特点和潜能的不断重组、重构和转换的过程。从这个角度说,教育就是成长和发展。在杜威看来,应该把成长本

身看作一个目的,而不是认为成长"拥有"一个目的;要把青少年本能的天生的力量纳入考虑的范围之内,要把青少年应对各种新奇情形的创造性发挥出来,而不能"过分强调反复练习,以个人直觉为代价以求获得自动技能的策略"。杜威尤其强调,不能"把成人的环境作为儿童成长的标准",不能"依照这个标准培养儿童"。①

当杜威强调教育除了成长和发展以外别无目的的时候,他显然只考虑了教育作为生活世界之组成部分。但在现代社会,教育同时也要服从行政力量和经济力量的影响;作为"系统"的环境甚至组成部分,教育不可避免地要依照"成人的环境"的标准来培养儿童。但问题在于,成人的环境是一个理想和现实的复合体:既不能说成人社会只有现实而全无理想,也不能说成人社会已经完美而没有缺陷。成人社会——尤其是明确强调远大理想的现实指导作用的成人社会——固然会把"人的全面发展"纳入教育方针,但也必须同时依据成人社会对"接班人"、"劳动者"和"建设者"的需要而提出培养要求。正因如此,现代社会中教育系统不仅具有重要的培育功能,而且具有重要的选拔功能:"接班人"、"劳动者"和"建设者"都是有具体岗位的,不同岗位是有不同要求和不同条件的,而为了找到适合这些岗位的人选,不仅需要根据这些岗位的履职标准对求职者进行直接选拔,而且需要根据培养这些候选人的教育要求,来对学习者进行间接选拔。

严格地来说,教育兼具培育功能和选拔功能,并不是现代社会的独有现象。在中国,育才与选士和选官相衔接,被认为从西周就开始了。后来的两汉的察举制,魏晋南北朝的九品中正制,尤其是隋唐以后的科举制,都可以说包括了培育和选拔双重功能。但是,在现代平等主义观念被普遍接受并在很大程度上制度化之前,教育即使有选拔功能,也是次要的;在谁能够接受教育这一个关键点上,选择是已经根据家庭出身和男女性别等做出了的。把家庭出身和男女性别这样的情况作为能否接受教育、进而能否被举士和举官的选拔标准,是让一个人的命运完全交给他或她完全无能为力的偶然因素来左右。而只有把这样一些因素排除在受教育机会的决定标准之外,教育才能真正发挥其对于社会系统运作不可缺少的选拔作用。美国社会学家塔尔科特·帕森斯(Talcott Parsons)曾把以英国为典型的"工业革命"称为西方现代化进程之第一大进步,把以法国为典型的"民主革命"称为西方现代化进程之第二大进步,把以美国为典型的"教育革命"列为西方现代化进程之第三大进步,其依据就是,教育能够发挥这种"努力面前人人平等"的平等化作用。"工业革命"和"民主革命"为人们参与市场竞争和政治生活取消了基于门第、血统等"赋授

① 约翰·杜威.民主与教育[M]//《杜威全集》(中期著作),第九卷.上海:华东师范大学出版社,2015:45.

性条件"(ascriptive conditions)的入门限制，但并没有为人们提供参与市场竞争和政治生活提供必要的能力条件；而"教育革命"的意义就在于撇开当事人本人无力左右的赋授性条件，而提供了只有努力就都有可能出人头地的平等机会："人们经过训练，并根据社会化了的能力而选择承担责任更大的角色，这些角色需要更高层次的能力、连带更高层次的报酬，包括收入、政治影响和权力。"①

在迈克尔·桑德尔看来，这种基于教育层次和学习成绩的选拔机制——也就是所谓"优绩制"(meritocracy)，虽然相对于基于出身和门第的贵族制(aristocracy)来说，要更符合平等主义的现代理想，却仍然有很大问题。2016年发生了令学历明显较高的主流建制派大跌眼镜的两个事件，一是特朗普当选美国总统，二是英国全民公投决定"脱欧"。桑德尔认为这两个事件很大程度上是优绩制游戏的"输家"对"赢家"的一种报复。在桑德尔看来，优绩制的问题的关键并不在于优绩制的游戏规则会遭到以贿赂、作弊、裙带主义和利益输送等方式的破坏，也不在于在知识经济条件下，经济收入的分配不公会导致教育机会的分配不公，进而使美国开国元勋杰佛逊(Thomas Jaffersons)用基于"美德和才能"

基础上的"自然"贵族制取代"建立在财富和出身基础上的人造贵族制"②的期望，最终落空。桑德尔认为，问题的关键在于，优绩制的原则本身就错了。一方面，"尽管与世袭等级制度对立，但这是基于能力而流动的社会。流动并不是不平等的对立面；相反，社会流动让因才能而不是出身而产生的不平等正当化"。③ 另一方面，"颂扬和奖赏'最好的天才'的制度，很容易把其他人贬低为垃圾，不管这种贬低是含蓄的还是明确的"。④ 其结果是，"优绩至上的社会制度同时在两个方向上施加其暴政。在那些处于顶端的人当中，分类机制会引发焦虑、让人身心俱疲的完美主义及优绩至上的傲慢，这种傲慢努力地掩盖脆弱的自尊。在分类机器筛选掉的那些人中，这又强加了令人沮丧甚至具有羞辱性的失败感"。⑤

针对这些问题，桑德尔主张深刻反思和批判优绩制背后的理念：个人是自我负责的行动主体，个人成败全由自己负责，知识能够改变命运，等等。这些看上去很公平很励志的观念，其实包含着对人与世界、自我与他人之间关系的深刻误解；这些观念与根据财富拥有多寡来判断人生是否成功、根据智力要求高低来判断工作是否体面等观念相结合，

① Talcott Parsons. The Evolution of Societies [M]. edited and with an introduction by Jackson Toby. New Jersey: Prentice Hall, 1977:192.
② (美)迈克尔·桑德尔. 精英的傲慢[M]. 曾纪茂译, 朱慧玲校, 北京: 中信出版集团, 2021:16.
③ 同上书, 第178页.
④ 同上.
⑤ 同上书, 第204页.

会把社会分裂为成功者和失败者两个群体，会让成功者过于傲慢而失败者过于自卑，会使人们即使站在左翼的立场上，也只重视福利分配，而轻视普通劳动者的贡献。

桑德尔对美国社会中优绩制弊端的批判，我们在一个与美国差别极大的语境中未必完全同意。作为中学毕业后曾经去海岛农场工作三年的七七级大学生，笔者深知高校入学恢复考试、干部提拔关注学历，与民生改善重视医教、民族复兴强调科教一样，无论对社会还是对个人，都意味着多么重要的历史性进步。从这个角度看，教育兼具人才培育功能和人才选拔功能，是完全正当的。而且，教育的培育功能和选拔功能之间还可以相互促进：培育为选拔提供基础，选拔为培育不仅提供激励，而且提供条件——只有经过一定方式的选择，培育条件（比如专业系科和重点学校）和培育对象之间，才可能形成合理的匹配、高效的结合。

但是，桑德尔的论述可以在以下方面给我们反思当代中国教育现象、反思当代中国教育政策，提供重要启发。

首先，就教育之选拔功能的发挥方式而言，要看它是否妨碍了教育的培育功能。如果无数孩子为了进入名校而提前修课、密集培训、反复刷题，不仅付出个人健康、家庭财力等有形代价，而且付出牺牲课程以外兴趣爱好、消耗课程知识本身魅力的无形代价，那么，教育的选拔功能显然是发挥得不正常、不合理的，有必要采取措施加以矫正。

其次，就教育之选拔功能的价值取向而言，要看它是否妨碍了社会的正常运行。如果教育选拔不仅表现为学生的学习成绩竞赛和考试分数竞赛，而且表现为家庭的人情关系竞赛和金钱数量竞赛；如果教育的（如桑德尔所说的）"分类机器"的运行不仅导致学业竞赛胜利者的骄傲自负甚至忘恩负义，而且导致学业竞赛失败者的自惭形秽甚至因怨生恨；尤其是，如果整个社会都把"爱科学"与"爱劳动"对立起来，都只看得起智力要求高或学历要求难的工作岗位，而鄙视普通岗位的诚实劳动——如果是这样的话，教育的选拔功能显然也是发挥得不正常、不合理的，有必要采取措施加以矫正。

最后，就教育之选拔功能的实际效果而言，要看它是否有悖于社会的进步发展。如果在某种教育选拔机制下，社会的创新能力并没有提高，社会的紧缺岗位人才需求并没有满足；如果在某种教育选拔机制下，人才流动发生阻滞，甚至出现人才队伍"劣币驱逐良币"现象，或出现人才群体流失远超引进的现象——如果是这样的话，教育的选拔功能也是发挥得不正常、不合理的，有必要采取措施加以矫正。

三

在现实社会中，教育的选拔功能不仅服务于社会分工，而且服务于社会分层；在承认这两种情况都还客观存在的前提下，要强调它们的轻重顺序,避免出现本末倒置。

在理想状态下,一个自由而平等的社会当中应该只有分工,而没有分层;尤其在人民当家作主的社会主义国家,社会成员之间虽有分工不同,但没有尊卑之别。但在现实生活中,包括在初级阶段的社会主义社会的现实生活中,不同群体和不同角色之间总还存在着尊卑高低的分等分层,或俗语所说的"鄙视链",哪怕用来划分这种等级或层次的标准并不明显出现在政治正确的主流话语当中。

公共政策的作用是规范并且引导社会生活,教育政策也不例外。就教育政策的规范社会生活的作用而言,它不仅要如前文所说的让教育的选拔功能从属于教育的培育功能,而且要让教育选拔主要服务于社会分工,而不是主要服务于社会分层。中央"双减"意见提出要"依法依规严肃查处各种夸大培训效果、误导公众教育观念、制造家长焦虑的校外培训违法违规广告行为";而培训机构"制造家长焦虑"常用手段之一,就是拿高中阶段的普通高中与职业高中的分流大做文章。"中考分流:你知道接近一半的孩子可能上不了普通高中吗?"这样的文章曾一度在网上频繁出现,其背后的潜台词很明显,就是把孩子对普通高中和职业高中的选择,说成是未来人生的分层选择,而不仅仅是未来职业的分工选择。家长们希望孩子生活得比自己好、比邻居家孩子好,这是天经地义的事情;但对

个人及其家庭是天经地义的事情,如果没有恰当的公共政策进行规范和引导,往往就可能在社会层面导致各种无序,甚至酿成社会性的"踩踏事件"。

教育政策不仅要努力避免把社会分工误解为社会分层,而且要设法对"社会分层"本身做适当引导。允许并尊重公序良俗前提下生活方式的多样性,是现代文明社会的最重要特征之一。但承认生活方式的多样性,不等于国家不可以甚至不需要根据社会主义核心价值观的要求,根据中华民族伟大复兴的目标,也根据中华民族优秀文化传统,对人民群众的生活方式进行适当引导。中华民族可以说是一个以教立国的国家;《学记》中"古之王者建国君民,教学为先"这样的说法,对我们理解今天的中国也有帮助。梁漱溟先生在上世纪30年代提倡以儒家思想指导乡村建设,并以此作为整个中国社会更新改造的基础,虽然这样的想法总体上已被证明是不合时宜的,但他提出作为乡村建设之组织基础的村学乡学的根本目标,是"大家齐心学好,向上求进步"①,却可以说至今仍有启发的。所谓"大家齐心学好",就是承认人及其行为有好坏之分;所谓"向上求进步",就是预设了人们的价值观念有高低之别。从这样的角度来理解,迈克尔·桑德尔对"精英的傲慢"和"优绩制的暴政"的批判,尤其是他在批判之后提出的替代方案,虽有合理之处,但也有值

---

① 梁漱溟. 乡村建设大意[M]//梁漱溟全集(第1卷). 济南:山东人民出版社,2005:668.

得商榷的地方。

桑德尔提出来应对优绩制弊端的一个方案，是高校（尤其是名校）录取中不完全看SAT分数。桑德尔设想，每年有4万多名学生申请哈佛大学和斯坦福大学提供的大约2000个名额，在这4万多名申请人中，淘汰那些不可能在哈佛或斯坦福茁壮成长、也没有资格表现出色并为同学作出贡献的人后，留下比如3万或2万名合格的竞争者，然后，"把合格申请人的文件夹扔下楼，拿起2000个，然后就此打住"。① 桑德尔写道："对有资格的人进行抽签，是为了打击优绩的专横。设置资格门槛，让机会来决定其余的人，这会让高中时代恢复一些理智，并至少在一定程度上缓解学生们所处的困境，学生们追求完美、填塞简历的经历已经成为扼杀灵魂的梦魇。这样做还能削弱精英阶层的傲慢，因为这清楚地表明，在任何情况下，那些登上顶峰的人都不是靠自己，而应把好运归功于家庭环境和天赋，这在道德上类似于抽签的运气。"②

确实，人生道路中的各种形式的"抽签"（lottery），在一定意义上是有合理性的。人类生育下一代，至少迄今为止，很大程度上就是一个抽签过程——孩子健康聪明，孩子父母会满心欢喜，感恩命运，却不大会得意洋洋，居功自傲；万一孩子有某方面先天缺陷，孩子父母虽然无法满心欢喜，却也没有理由

羞愧不安。桑德尔认为优绩制的一大问题是其背后的那个预设，以为人生命运都能通过个人努力而由自己掌控的。这个预设会使人忘记了个人成功往往靠的不仅是个人努力，而还有他人帮助和偶然幸运。这个预设确实值得我们反省，它的消极后果确实值得我们防范。上海现在在小升初阶段采取摇号方式，它的正当性依据，也可以从这个角度去理解。

但是，我们不能从一个极端走向另一个极端。梁漱溟说"大家齐心学好，向上求进步"，是在承认人生的"先天抽签"的基础上，不让人们把自己的命运交给"后天抽签"，而通过学习、通过努力，来掌握自己的命运，改善自己的境遇。中国改革开放的最重要初衷，就是要形成一种机制，使得"干好干坏不一样"，以及"学好学坏不一样"。这样一种"以业绩论英雄"的机制确实有它的不足；到一定程度，这种激励筛选制度的后果的消极程度会达到荒谬地步。但应对这种结果的方式，不是根本上取消教育的选拔功能，甚至不是根本上取消教育的某种分层功能，而是让教育的选拔功能有更公平的运作机制（哪里有门、"门槛"多高一目了然），更适合的适用环境（哪里需要设门，有合理规定），更周全的配套措施（未能入门者，也能受到保护和尊重），让教育的分层功能尽可能发挥积极作用

---

① （美）迈克尔·桑德尔. 精英的傲慢[M]. 曾纪茂译，朱慧玲校，北京：中信出版集团，2021：206.
② 同上书，第207页.

（引导人们学习上进），并且决不能造成分层固化，甚至导致分层代际传递。

当然，要做到这些，仅靠教育领域是无能为力的。由此，我们有必要从超出教育政策的更广泛的视角出发，做一点思考。

四

学生学业负担过重的问题，其实并不是一个新问题。根据笔者的不完全了解，党中央、国务院下发针对学生学业负担过重的问题的文件，建国以来已经有好几次。

第一次是 1951 年，该年 7 月 13 日政务院第 93 次政务会议通过、同年 8 月 6 日公布的《政务院关于改善各级学校学生健康状况的决定》指出：“目前全国各级学校的学生健康不良的状况，颇为严重。许多学校由于功课过重，社团活动过多，加以伙食管理不尽得法，卫生工作注意不够，致影响了学生的身体健康。”文件对小学、中学和大学学生每日上课、自习时间做了详细规定，并要求各级学校“删除重复的、不需要的课程与教材内容，改进教学方法。教师授课应以课堂教学为主，要讲得明白，使学生了解透彻；要多在课堂内演练习题，不要给学生过多的课外习题及不必要的困难习题；考试时也不要故意出深僻的试题；要统一合理地分配实验、自习等课外作业的时间。各科教师应在分配时间内将课程教完、教好，并纠正和防止发动任何的突击、竞赛、硬赶进度等偏向”。①

第二次是在 1961 年，中央文教小组在关于该年度及今后一个时期文化教育工作安排的报告中，要求“严格执行中央关于保证师生健康的指示，切实做到劳逸结合，保护年轻一代的健康。必须认真办好学校伙食。目前要适当减轻学习、教学和科学研究任务，增加睡眠和休息的时间。今春一般不再安排学生参加校外义务劳动；学生参加体力劳动的时间和强度要适当减少和减轻。特别要注意保护女学生和女教师的健康”。②

份量最重的是第三次，党中央、国务院于 1964 年 5 月 4 日向中央各机构和全国各地区领导机构批转教育部临时党组向党中央提交的总共 5500 多字的《关于克服中小学学生负担过重现象和提高教学质量的报告》。教育部报告一开始就说：“近来，中小学学生课业负担过重的现象有所发展，有些情况已经相当严重。一般地说，中学比小学重，毕业班比非毕业班重，特别是有些重点学校的学生负担更重。”③在列举了三类最突出的现象（课程门类多，课外作业多，测验考试多）之后，文件分析了造成学生课业负担过重的多方面原因，认为根本原因是“我国中小学的课程设置、教学方法、考试办法等方面改革的还

① 中共中央文献研究室.建国以来重要文献选编（第 2 册）[M].北京:中央文献出版社,1992:337.
② 中共中央文献研究室.建国以来重要文献选编（第 14 册）[M].北京:中央文献出版社,1997:154.
③ 中共中央文献研究室.建国以来重要文献选编（第 18 册）[M].北京:中央文献出版社,1998:470.

不彻底",而直接原因则是"片面追求升学的思想":"'学而优则仕',脱离劳动,这种剥削阶级思想的影响很深很广,在社会上和教育工作中是一种旧的习惯势力。反映到学校工作中,近几年又发展为片面追求升学率。从这种错误的思想出发,衡量一所学校,片面看升学率高低;衡量一个教师,单纯看所教学科的考试分数。有不少学校因此就不顾一切地增加学生的课业负担;有的甚至对国家、对上级弄虚作假,千方百计使本校的学生有更高的升学率。"①针对这些问题及其原因,报告从思想认识、工作作风做了自我批评,并从加强正面教育、改革学制课程、改进教学方法和考试方式等方面提出了对策。在批转该报告时,党中央、国务院的文件指出:"克服中小学校学生学习负担过重的现象和片面追求升学的思想,不但是提高教学质量所必需的,而且是关系到办什么样的学校、培养什么样的人的重大问题,是关系到培养坚强的有文化的劳动的革命后代、发展国家科学文化的根本大计,必须引起各级党委和政府的足够重视。因此,应该在社会上和中、小学校中正确地和广泛深入地宣传党的教育方针,充分调动广大中、小学校教育工作者的积极性,努力改进教学方法和考试方法,注意发挥学生在学习中的主动性,切实做到既克服了学生过重负担,又提高了教学质量。"②

同样的问题存在了那么多年,可见它是有非常深刻的现实根源和历史根源的。当然,无论就问题的表现方式还是就问题的发生原因而言,当前我国存在的义务教育阶段学生过重作业负担的问题,与 1951 年、1961 年和 1964 年的情况,都有很大不同。一个重要的区别,是在那些年头,还不存在校外培训负担的问题,也不存在与后者相关的培训活动市场化和培训机构资本化运作的问题。但是,对发生在不同时期的这些问题,都涉及前文所讨论的教育的内在价值和工具价值的关系、教育的培育功能和选拔功能的关系、教育选拔的社会分工作用和社会分层作用的关系;思考这些关系,有助于我们实现本末相宜的教育理想。

但上面这些关系要真正处理得当,还必须强调教育公共政策是一个系统,整个社会的公共政策也是一个系统,因此既要强调教育公共政策内部各个方面的协同性,也要强调教育公共政策与其他社会政策的协同性。

比方说,就教育的内在价值和工具价值之间关系而言,有必要在全社会进一步加大学习型社会建设的力度,进一步体现教育的核心是学习,而学习不仅是法律意义上的公民义务和公民权利,而且是人之为人的显著特征,是美好生活之为美好生活的必要条件,是人生意义之体验和享受、创造和积淀的根本方式。对于已经整体进入小康社会的中国

---

① 中共中央文献研究室. 建国以来重要文献选编(第 18 册)[M].北京:中央文献出版社,1998:471.
② 同上书,第 468 页.

人来说,通过全民支持教育而终身享受学习,将展现一种特别有可持续性可推广性的高质量低能耗的美好生活,将在实现先人所说的"庶而富之"、"富而教之"以后,进一步实现"教而贵之"。

又比方说,就教育的培育功能和选拔功能之间关系而言,有必要找到这两种功能之间的衔接点。很大程度上,教育评价就是这样一个衔接点。广义的教育评价由教师对学生的评价、校长对教师的评价、主管部门对学校的评价所构成;这些评价通常都会以直接或间接的方式与教育的选拔功能相联系,而如果这些评价都把教育的培育功能的发挥状况放在首位,教育的培育功能和教育的选拔功能之间就可以比较好地实现本末相宜。中央 2020 年 10 月印发的《深化新时代教育评价改革总体方案》中指出:"义务教育学校重点评价促进学生全面发展、保障学生平等权益、引领教师专业发展、提升教育教学水平、营造和谐育人环境、建设现代学校制度以及学业负担、社会满意度等情况。"落实这样的教育评价要求,应该对落实双减政策有很大促进作用。此外,《深化新时代教育评价改革总体方案》中几次提到的"过程性评价",如果不仅用在特定课程当中,而且也用在学校管理和教育事业当中,尤其是通过充分肯定优秀的教育活动、教育管理和教育领导所带来的育人育才真实收获,或许也可以在一定程

度上抑制招生环节的"掐尖"动机、激励培养过程的因材施教、避免学校成为家长教育焦虑的加热器和助推机。

再比方说,就教育选拔的社会分工作用和社会分层作用而言,要采取措施不仅在主观上避免把社会分工误解为社会分层,而且在客观上避免使社会分工变成社会分层。迈克尔·桑德尔建议作为抵制优绩制之暴政的措施的,除了通过对进入资格门槛的名校申请者进行抽签录取而削弱教育这部"分类机器"的作用以外,还有从人的尊严和社会团结这两个角度重新重视普通工人的劳动贡献。桑德尔提出我们不仅要追求"分配正义"(distributive justice),通过社会福利来缩小贫富差别;而且要追求"贡献正义"(contributive justice),通过对工人劳动本身的认可,来体现劳动者的尊严。为此桑德尔提出进行一场公共讨论,来澄清什么是真正有价值、有尊严的工作:"在市场驱动的社会中,存在一种挥之不去的冲动,即想要把物质上的成功解释为道德应得性的标志。我们必须坚决抵制这种诱惑。要做到这一点,一种方法是辩论清楚并制定措施,这些措施会促使我们慎重地、民主地反省什么是对公共利益真正有价值的贡献,以及市场结论在何处错过了目标。"①

桑德尔在这里讲的道理,在美国这个典型的"市场驱动的社会"里,是要花费许多口

---

① (美)迈克尔·桑德尔.精英的傲慢[M].曾纪茂译,朱慧玲校,北京:中信出版集团,2021:241.

舌的,但在中国这个社会主义国家,本应是普通的共识。桑德尔很清楚,在美国,"指望这样一场辩论就能让人们达成一致显然不现实"[①];但在中国,"劳动最光荣、劳动最崇高、劳动最伟大、劳动最美丽的道理"[②],应该更容易在全社会形成共识,并且转化为现实。在当代中国,与教育领域的普遍焦虑相对应的,是太多人对职业教育的普遍轻视。但随着党中央加快发展现代职业教育的战略部署的落实,相信职业教育会在提高"产业适应度"的同时,逐步提高其"家庭满意度"和"社会认可度"。与桑德尔所说的"关于工作尊严的新一轮辩论"相比,优质而广受欢迎的职业教育在中国会更实际、更有效地有助于体现和支撑劳动者尊严,进而为"双减"政策提供最扎实的落实基础。

中国特色社会主义教育事业是一项中国共产党领导下实施的巨大的社会工程,"双减"政策落实虽然只是这项工程中的一个重要项目,但因为它涉及教育领域的一些重要关系,涉及全社会各群体的期望、诉求和利益,本身也具有可观的规模和份量。在理论上,我们或许不必像卡尔·波普尔(Karl Popper)那样担心总体性社会工程注定是无法及时发现问题、解决问题的,也不必像前面提到的哈贝马斯那样担心,行政系统哪怕有助于包括文化教育在内的生活世界防止资本主导的市场系统的支配,它自身也可能对生活世界的正常生态造成太大干扰。但在实践中,我们则有必要认真研究教育领域的各种关系,研究教育领域与整个社会的各种关系,研究我们在处理相关问题时曾经有过的经验教训,以党和人民根本利益为最高原则,切实用好中国特色社会主义教育事业所特有的政治资源和制度资源,在发现问题解决问题的过程中,扎扎实实地实现本末相宜的教育理想。

① (美)迈克尔·桑德尔. 精英的傲慢[M]. 曾纪茂译,朱慧玲校,北京:中信出版集团,2021:241.
② 习近平. 2018年9月10日在全国教育大会上强调"坚持中国特色社会主义教育发展道路,培养德智体美劳全面发展的社会主义建设者和接班人"[EB/OL]. (2018-09-10)[2021-03-16]. http//jhsik. people. cn/article/30284771.

2. 为教材和课程"减负"

杨东平

提　要： 比取消培训机构等整治外部环境更为根本的"减负"举措，是能否实行与减负目标和价值相一致的教育和教学。而与控制作业量和学习时间相比，促进义务教育学校均衡发展和高中多样化、促进考试和评价制度改善是更为根本的。但更为源头的举措则是为教材和课程减负。应从小学阶段开始，从考试改革开始，减少课内课时数量，减少考试科目、降低教材和教学难度。

作　者： 杨东平，国家教育咨询委员会委员

一、从外向内的减负

目前正在实施的"减负"政策，主要整治的是学校的外部环境，诸如取消培训机构，缩减民办学校体量，改变教育机构的营利性等等。众所周知，义务教育生态的恶化、全民的教育焦虑，主要源自公办学校的名校竞争，层层加码的应试训练和"抢跑"。当外围大致清理之后，矛盾便重新回到公办学校本身——能否实行与减负目标和价值相一致的教育教学。现在正处于两种价值纠缠胶着、新旧交替的关键时刻，人们将信将疑、暗中窥探，由于新模式未立，难免出现新鞋老路、新瓶旧酒的尴尬。

"双减"之后，我们看到的多是在既往框架中的惯性思维。一方面是家长的思维定势，原先从早到晚、从双休日到寒暑假把孩子的时间填满，家长就觉得自己尽责尽力、放心了；现在孩子空余的时间无从安放，家长不知所措，而焦虑不减，仍然想方设法找家教补课。另一方面教师和管理者的惯性也十分强大，表达出来的是减负增效、有减有增、减负不能减了教育质量等等，实际上担心的是教育质量下降。而这个"教育质量"却是大可质疑的，无非就是旧模式的核心价值——考试分数和升学率评价。

减负作为一项系统工程，对作业量和学习时间的控制，处于教学过程的末端；促进义务教育学校均衡发展和高中教育多样化，即学校系统的改善是刚性和基础性的（相当于汽车的底盘）；考试和评价制度则是导向性的

（相当于导航系统）。当择校焦虑和出路焦虑没有改善、评价制度没有改变的情况下，对学习时间的末端控制难免事倍功半。其实，在这个系统中，还有一个重要变量是可以调整的，那就是教材和学习内容（相当于汽车的负载）。为教材和课程减负，是一种源头的减负，比减少考试和作业更为基本、更为重要，有釜底抽薪之效。

缩短学制、精简教材、降低难度并不是新鲜话题，早在五六十年代就是"教育革命"的对象，在当今的"两会"也被一再提起。但它在教育学界内部是缺乏响应的，对于学生的课业负担是否过重，也缺乏共识。前几年的一项研究，认为我国中小学教材的难度其实并不太高，在国际比较中约为中等偏上。[①] 这和我们的经验很不一致。凡是有国外教育经历的家长和老师都知道，我国小学数学的难度要比国外深一到两个年级。一个夸张的段子说每一个中国三年级的"学渣"到美国五年级的课堂上都是"学霸"。一个严肃的评价来自上海的数学教师，他们认为面向 15 岁学生的 PISA 数学测试，其难度在上海就是小学水平。[②] 这个国际比较在方法上的缺陷，可能是将小学、初中、高中课程做总体评价，小学教学难度偏高的问题便被"平均"了。另外，是将俄罗斯这样的非小学生留学目标国家纳入样本，降低了结论的敏感性。

我们直观地感到现在小学生的书包实在太沉了，学校教的东西实在太多了，而且还在不断做加法，什么都要"进校园"。教育部基础教育司的老司长王文湛的一个发言广为流传。他说："我们的学习时间太长。教育部规定中学每周上课 33 节，外国中学每周上课 23 节。教育部规定小学一年级到高三毕业上课 13 000 节课，外国小学一年级到高三毕业上课 5 800 节课。教育部规定小学每年放假 12 周，寒暑假两个半月。外国中学生每年放假四个半月，寒暑假比我们多两个月。"[③]我们规定性的课内教学总时数比国外整整多出一倍！这个发言让我们恍悟，源头原来在这里！所以，要实行有效的减负，必须减去超载的课内教学总量，否则，关于身心健康、个性发展、培养创造性等等的美好说辞，只能是一种不负责任的自说自话、自娱自乐。

二、半天上学是真的吗？

与国外境外教育的比较，可以丰富我们的认知。我曾对德国中小学实行半天上学的说法难以置信，一再向德国的教授、记者求证，才确信这一事实。德国的中小学都是半

① 崔鸿，乔翠兰，李佳. 中小学理科教材难度国际比较研究丛书. 北京：教育科学出版社，2017.
② 周金燕. 15 岁学生如何看待学校教育的适应性——来自中国上海 PISA 的证据及运行因素分析[J]. 清华大学教育研究，2016(3).
③ 王文湛. 提高质量，鼓励支持校外培训机构[EB/OL]. (2021 - 07 - 23)[2021 - 03 - 16]. https：//www. jiaoyujie365. com/N/204. html.

日制的,在校学习时间为早上7点半或8点至中午13点,一般并不强制要求学生下午必须在学校学习。自2003年起,德国政府开始在中小学推广全日制学校,其背景是德国在PISA排名中落后,大批具有移民背景的学生进入学校,学校面临因文化背景不同而凸显的教学异质性,提高学业水平的对策之一是延长在校学习时间。但这一改革在德国也步履维艰,我问过一位德国教授,他说目前多数州和多数学校还是半日制的。我们关注的是他们的教学目标和教育内容究竟是怎样的呢?为什么他们只需要用中国学校一半的时间,就可以完成基础教育,而且还是科技发达的经济强国?

实行半日上学的并非只有德国,另一个典型是以精英教育和严酷的分流制度闻名的新加坡,它也实施了因应时代变化的一系列教育改革。1997年,新加坡教育部提出"思考型学校,学习型国家"(Thinking School, Learning Nation)教改计划,改变原来"一考定终生"的观念,把学校视为培养学生终身学习能力的地方,重点培养学生思考能力,开展探究性的学习,为此,学校减少了30%课程教学内容。2005年,新加坡教育部发起"少教多学"(Teach Less, Learn More)教育改革,加强教师教育,强调基于校本的教学改革,引导学生通过真实的学习经历培养批判性能力,为此,学校进一步削减了20%的课程,为

学生提供更多的时间与空间。[①] 这样看来,与90年代相比,新加坡学校的教学内容已经减少了50%!而且,他们没有统编教材,老师讲课依据的是自己编写的讲义,以利教师根据不同的学生选择有针对性的教学内容。

我国台湾地区的小学也实行半天学习,通常一二年级下午放假,三四年级每周3个下午放假,五六年级周三下午放假。中低年级实行教师包班教学,义务教育阶段没有"小升初"、没有择校竞争。学校还有一种"补救教育",每周下午为学习后进的学生提供2—3次免费补习,所需经费和师资由有关部门另行提供。

三、重新定义知识、课程和学习

可见,反思学校应当教什么、学生应当学什么,如何为教材减负并非教育外行的奇谈怪论,而是世界范围内教育改革的共同挑战和严肃话题。置身互联网、智能机器人时代和学习化社会,对这一问题的理解和破解,勾画着我们面向未来不同的教育图景。

美国教育科学院院士阿兰·柯林斯的新书《什么值得教》的副标题是"技术时代重新思考课程"。他认为,学校课程扎根于过去,是从19世纪和更早时期继承下来的。尽管有一些主题已被淘汰,如希腊语、拉丁语、计算平方根、进行数学证明,但绝大多数内容保

① 陈雪芬,蔡瑞琼. 为生活而学习:新加坡基础教育改革新动向[J]. 比较教育研究,2021(5).

留了下来。成年人忘记了在学校里所学的绝大多数内容，我们对这一现实感到沮丧，然而，它反映的其实是学校课程出了问题：学校课程充满了大多数人永远用不上的东西，反映了学校教学与社会发展存在巨大的脱节。学生应当学习如何运用数学工具去界定和解决真实世界的问题，而不是模仿计算机的算法。例如大多数人离开学校之后几乎用不到代数，也几乎不会遇到"一个水泵抽水 4 小时可以装满一个游泳池，另一个泵需要 3 小时，如果两个水泵一起抽，需要几个小时"这样代数课经常做的习题。

互联网已经成为一个巨大的知识储存和记忆装置，可是我们还是要花大量时间去记忆那些可以很方便查到的知识点。同样，尽管计算机比人的计算更快更准确，但数学课仍聚焦于数学运算。尽管大多数学生不会从事科学方面的职业，学校教学内容仍聚焦于物理、化学、生物、地球科学等"硬"科学，这对于他们在生活中作出明智决策并不太有帮助。由于考试聚焦于那些容易测量的事实和技能，致使课程的目标正在稳定地收窄，社会需要的许多复杂能力是标准化考试所难以测量的，于是，一些更重要的目标被淡化了，比如写作能力。[1]

回到数学，英国数学家沃尔夫拉姆认为，"现在电脑已经完全胜任计算的工作，可是我们的教育仍然把 80％ 的时间用在练习计算上面"。事实上许多欧美国家的考试都允许使用计算器、可以查阅计算公式，将教育重心放在培养数学思维能力上；而我们仍然将解题技巧、解题速度视为教育质量。柯林斯根据美国对毕业生的调查，生活中经常使用的是统计学、概率以及对各类函数的理解：变量（均值、中位数和众数）、图形、函数、统计学、相关性，从统计学中做出推论。这与学校数学教学的内容大相径庭。[2]

学校教育的另一重困境在于，我们已经置身于"信息爆炸环境中的学习"，企图在有限的时间内覆盖越来越多知识的策略正在碰壁，造成所谓"一英里宽，一英寸深"的现实。我们需要寻找信息化变革时代学校教育的密钥。它涉及对课程观的整体反思，重新定义知识、教育和学习。

《后现代课程观》的作者多尔认为受工具理性支配的课程理念已经沦为一种封闭性的科学教条。其集大成者为 20 世纪早期美国的泰勒，他以"效率"为追求、以"控制"为取向的课程观，使课程目标具有稳定性、精确性、可控性与可测量性。它导致课程目的先于教育活动，学习是教育的产品，是目的与计划的结果，从而使课程失去了丰富性与创造性，日益简单化和机械化。教育与课程的工具化，导致其促进人的心灵成长的内在价值被泯灭。当时的美国教育部长哈里斯声称，学校

---

① 柯林斯. 什么值得教：技术时代重新思考课程［M］. 上海：华东师范大学出版社，2020.
② 柯林斯. 什么值得教：技术时代重新思考课程［M］. 上海：华东师范大学出版社，2020.

教育的核心品质是"端正、准时、安静、勤奋"，这四种品质能产生好工人和好学生。[①]

后现代课程观的基础理论是非决定论的混沌理论和耗散结构理论，其特征是不可预测性、不平衡性、非线性、复杂性、多样性；是重视生命的开放性、相互联系的生物学世界观；是布鲁纳等所奠定的认知革命:教育的主要目标是人类控制自身命运的心灵的能力。

法国哲学家莫兰在《复杂性理论与教育问题》提出关于科学范式的问题。他认为人类问题日益错综复杂，已经成为跨学科的、多维度的、跨国界的、总体性和全球化的；但是自牛顿时代建立的陈旧教条——以分析为主、还原论、线性因果关系、决定论等传统"科学方法"和思维范式仍然占统治地位。整体性问题被"像红肠一样切割开"，成为"超级专家"的盘中餐。我们面临的是随机性和偶然性、非线性、自发性、混沌等新特征，需要学会"在散布着确定性的岛屿与不确定性的海洋中航行"。他将教育改革最重要的目标归纳为"一个构造得宜的头脑"，这是针对"充满知识"的头脑而言的。这需要将教育过程"生态化"，对局部问题进行整体性的思考，超越"原因—结果"的线性因果性、决定论的思维。他认为中学教育最主要的任务之一就是保护人文文化。因为包括哲学、历史、文学、艺术等

等的人文文化是一种"总体文化"，它承载蕴涵的是一种"人类精神应用于各种特殊场合的一般智能"。[②]

这已经涉及到了知识观，即什么知识是最重要的。我们意识到事实上存在"两种知识"。卢梭说"如果我们把人的知识分为两部分，一部分是所有的人共有的，另外一部分是学者们特有的，那么，把后者同前者一比，就显得是太渺小了。可是，我们是不大重视我们所获得的一般知识的"。[③] 台湾的教育家黄武雄将分门别类地装在教科书里的知识称为"套装知识"（packaging knowledge），它通常被视为是知识体系的全部；其实它只是知识体系中很小的一部分，被遗忘了的是更为重要的经验知识。[④]

这也就是古人说"读万卷书，行万里路"、杜威说"学校即社会""教育即生活"的原因。在教育哲学层面，杜威和陶行知倡导的生活教育，就是"为生活而教"，打破学校与社会、教育与生活的隔离，围绕青少年成长的实际需要、围绕社会生活的实际需要来组织教学。

四、课程和教学减负从小学开始

对于一场实质性的教育改革，最重要的

[①] 小威廉·E.多尔.后现代课程观[M].北京:教育科学出版社,2015.
[②] 埃德加·莫兰.复杂性理论与教育问题[M].北京:北京大学出版社,2004.
[③] 卢梭.爱弥儿(上卷)[M].北京:商务印书馆,1983.
[④] 黄武雄.学校在窗外[M].北京:首都师范大学出版社,2009.

是更新观念，形成改革的理想共识。这首先需要在教育界内部凝聚共识。教育人几十年来身处其中的，是作为优胜者参与的具有明显精英主义价值的选拔性教育，是在师范院校接受的追求知识传授的系统性、完整性的教育，以及在学校环境中如鱼得水的分数竞争和升学率评价。要从传统模式转移到以学生为本的生活教育，难度可想而知。

关于为课程和教学内容减负，在思维的层面几乎可以一退到底：以退为进，少即是多。哪怕什么提质的事都不做，就是闲散、发呆、无所事事，对于生命的发育成长而言不也是有价值的吗？其实质就是把时间和空间还给孩子，给孩子的生命"留白"。关于什么是素质教育，我的一个说法是"每天多睡一小时，每天多玩一小时"，这不是从课程出发，而是从生命出发。想一想那么多厌学乃至罹患抑郁症的孩子，难道非要等到他们住院、休学，才可以让他们闲散下来吗？

上述中小学理科课程国际比较研究真正有价值的重要结论，是认为虽然教材并不难，但是老师教难了，考试考难了，"中小学实际教学难度比教材难度平均高出 50% ～ 100%"。[①] 这可不是一般的难，而是高出 100%！如果是在经济和医疗卫生领域，这样严重的超标不是违法犯罪行为吗？国家规定的课程标准、考试大纲还有重要性吗？为什么教育领域可以允许这种超纲超标现象长时间、大规模公然存在？教育局和各级教育督导部门应当承担怎样的责任？可见，只评价教材而不评价实际教学，是缺乏说服力的；没有强有力的问责制度，落实"双减"也是没有说服力的。

具体地，开展面向未来的教育改革，超越唯分数唯考试的旧模式，需要搭建"脚手架"，有一个可操作的方法和路径。

首先是有限目标，课程减负可以从小学开始。这既是由于小学生年龄幼小，特别需要保护；也是由于小学的课程和知识相对简单，首先从小学课程和教学破局，可以为中学的改革铺路。初中和高中面对选拔性的招生考试，其改革当以中考和高考制度为主。

小学阶段的教学和课程减负，从改革考试开始。目前，国家已就控制作业量和减少考试次数提出了许多具体要求；至于现在的学校究竟还有多少考试、是否真正减下来了，仍然需要画一个问号。

其次是降低教材和教学难度。许多家长反映，现在课程要求过高，难度过大，教材难度层层下放，小学学初中的内容，初中学高中的内容，严重脱离儿童实际。据反映，很多奥数的内容现在都加进了教材。上海从小学一年级起的数学考试，最后一题都是奥数题。这种情况难道不应该改变吗？减除超标超纲的教学和考试内容，应当提到重要议事日程，同时建立问责制度。

---

① 袁振国. 中国理科教材的难度——十个国家的比较研究[J]. 内蒙古教育, 2017(10).

减少考试科目也可以有所作为。现在小学三年级以上有 11 门课，即语文、数学、英语、科学、道德与法治、音乐、美术、体育、信息技术、综合实践、校本课程，考试科目为语、数、外、科学和道法 5 门。有人建议小学可以只考语数外 3 门，科学和道德与法治不作为考试科目，或者作为考核科目，实行开卷考试。

允许考试使用计算器等辅助工具。这不是天方夜谭。很多国家的考试是可以使用计算器的，这不仅可以提高作业效率，也有助于将数学教学从以计算为主转移到培养数学思维上来。

当然，真正创新性的课程减负，需要重新思考整个 K12 教育的路向，改革以知识记忆、解题技巧为主的教学，从一次性的学校教育过渡到终身学习。在此背景下重构学科教学，通过整合、综合减少课程数，更多地走向跨学科、综合性、主题性、项目式学习。这需要具体到每一个学科，需要将改革建立在实验的基础上。

我国中小学有许多名为实验学校，其实只是重点学校。在大一统的行政规制下，具有自主性、研究性、实验性的学校凤毛麟角。那么，如何使教学实验成为可能，如何形成基础教育重视实验的风气？我们不妨借鉴日本的思路。日本的中小学分为三类：国立、公立和私立。国立中小学，是指国立大学附属的学校，由于国立大学具有教育学科和研究实力，所以国立学校的功能定位，就是开展各类教学实验。如果我国的大学附中附小也定位于开展教育实验，而不仅是应试竞争的"名校"，是否有可能为教育改革探索出一条新路？

观察与观点

1. "双减"后基础教育政策博弈与名校战略选择

戚业国

提　要："双减"政策是改变基础教育学校运行逻辑的行动，改变了中国名校成名的路径依赖，推动学校向着立德树人、关注孩子健康成长的方向发生根本转变。全面落实"双减"政策需要关注教育政策的博弈机制，从教育的"供给侧"转向"需求侧"，关注教育供给和需求的平衡，紧紧抓住评价选拔标准与机制这一中国教育生态改变的核心问题。

作　者：戚业国，华东师范大学教育学部教授

"双减"大潮来到，短短几个月，校外学科培训机构纷纷倒闭，教育市场快速萎缩，学生补习负担迅速削减；校内学生学习负担大幅减轻、义务教育优质均衡迅速推进。这是一场前所未有的、雷厉风行的变革，把多年基础教育提倡的思想观念转变为实际的行动。这场教育变革，不仅关系国家、民族、未来，也关系学校的发展、家长的选择和孩子的前途。学校尤其是义务教育学校，面临发展逻辑的深刻改变，需要从办学思想与定位、发展目标与战略等方面做出调整。

一、"双减"及其相关政策规定梳理

"双减"源出 2021 年 7 月《关于进一步减轻义务教育阶段学生作业负担和校外培训负担的意见》，"双减"结合 2021 年 5 月出台的

《关于规范民办义务教育发展的意见》，以及先前的相关政策形成了治理基础教育顽疾的一套"组合拳"，直指中国基础教育长期想解决但一直没有很好解决的痛点和难点。相关政策主要涉及并包括以下主体或规范。

(一) 公办义务教育学校

全面压减作业总量和时长，规范和控制作业；减少和控制考试、禁止按成绩排名、降低考试压力；按规定开齐开足课程，控制教学难度进度，坚持零起点教学，不得提前结课备考，考试成绩实行等级制；提供有质量保证的课后服务满足学生实际需要；做强做优免费线上服务；推进集团化办学、学区化治理和城乡学校共同体建设；多校对口大学区制、教师校长轮岗、"县编校聘"；扩大重点优质高中名额到初中比例、限定招生区域、杜绝违规招生和恶意竞争，严禁政府部门下达升学指标或

片面以升学率评价学校和教师。

（二）校外机构及其培训活动

压减学科类校外培训，停止审批新的义务教育学科培训机构，现有机构全部转为非营利机构（"营转非"）；学科培训重新登记审定（"备改审"）；学科培训不得上市融资、严禁资本化运作；外资不得参股或变相参股学科类培训机构；节假日和寒暑假禁止学科类补课、限定工作日学科培训时间和时长；培训机构不得高薪挖学校教师、培训人员必须具有教师资格；学科培训价格政府审批、严管预付费；线上不得提供"拍照搜题"等不良学习方法的支持；严禁提供境外教育课程、严禁聘请在境外的人员开展培训活动；强化校外培训广告管理；线上线下一同治理；不得开展面向学龄前儿童的线上培训，严禁以学前班、幼小衔接班、思维训练班等名义面向学龄前儿童开展线下学科类（含外语）培训。

（三）民办义务阶段学校教育

停批所有含义务教育的新建民办学校、严禁公办转民办，公建配套不能办民办、公办参与的全部脱钩；控制民办占在校生比例；审查民办学校举办者资质和资金来源，严禁外资进入；推进免试就近入学、严禁跨区招生、严禁各种"掐尖"选拔行为，公民同招、电脑派位、外籍人员子女学校不得变通招收境内公民子女；强化课程教学监管，严禁自编取代国家课程教材、严禁引进境外课程教材教学、严禁聘请无资质外籍教师；规范清理民办学校名称；加大财务监管力度，重点检查获取收益、关联交易和通过各种方式控制学校；调控收费标准、防止过高收费、严禁收费与招生挂钩；"公参民"转为公办、政府引进的坚持公有属性；强化政府对民办学校的审批监管；加强民办学校党建。

（四）课后服务配套

引导学生自愿参加课后服务、学校延时服务原则与家长上下班匹配、试行寒暑假延时服务；拓展课后服务资源、保证课后服务质量；初中可以开设自习班、教师弹性上下班，参加课后服务纳入职称和绩效；学校延时服务不得授课和学科类辅导；配齐配足教师、保障课后服务经费、课后服务费按劳务费管理；做强做优免费线上学习服务；严肃查处有偿补课行为；治理变相家教辅导。

（五）高中学校

坚决杜绝违规跨区域掐尖招生，防止县中生源过度流失，维护良好教育生态；公民办普通高中同步招生和属地招生；严禁发达地区、城区学校到教育薄弱地区、县中抢挖优秀校长和教师；严控"掐尖"抢生源行为，严禁跨区招生、严控各种比赛；扩大优质高中"名额到校""名额到区"；高三上学期不得提前结束课程进入复习；实施县中托管帮扶工程、加大县中办学经费投入和改善办学条件。

（六）本轮"双减"政策的特点

立意高。本轮"双减"政策直指"防止侵害群众利益行为、构建教育良好生态、有效缓解家长焦虑、促进学生健康全面发展"，着眼建设高质量教育体系、强化学校教育主阵地作用,是党中央全面贯彻党的教育方针、落实立德树人根本任务的坚定行动,是重塑教育生态的行动。"双减"更是重大民生工程,是共同富裕的重要基础。

规定细。"双减"以及相关配套政策注重细节,不仅明确原则方向,更是具体而明确地规定了作业、考试、课程、教学等学校行为要求,明确规定校外培训的具体范围和时间等等,明确各部门支持教育发展的具体要求,规定各部门的具体责任,"双减"的每一项规定和要求都具有清晰边界和极强的可操作性。

落实强。明确"双减"纳入党委教育工作领导小组重点任务,具体了宣传、网信、教育、工业与信息化部、机构编制部门、发改委、财政部、人力资源部、民政部、市场监管部门、政法部门、公安部门、人民银行、银监会、证监会等各部门的具体任务要求。明确把"双减"列入督导督办的重点工作、建立责任追究机制、畅通举报途径、营造舆论环境。中央编办特批编制在教育部设立社会培训监管司。

"双减"政策体现出高处立意、细处落实的特点,责任明确、措施得力,建立了极强的实施体系。"双减"与以往的教育治理有了很大不同,文件推出即展开了雷厉风行的行动,与"八项规定"具有类似的落实特点,从中可以看出中央的决心和力度,几个月以来的实践也证明了这样的推断。

二、"双减"直接指向学校的运行逻辑

学校是基础教育办学的基本单位,以往我国基础教育改革相关政策更多指向政府教育部门、指向思想理念和行为原则,较少着力于学校行为的改变,本次"双减"政策直接指向学校行为,是改变基础教育学校运行逻辑的行动。

(一) 中国基础教育"名校"类型及其形成

中国基础教育有非常明显的"名校"情结。对学生而言,"名校"意味更好教育资源、更多升学机会、更大"成功"可能。学校成为名校意味着更多办学资源和更高社会地位,是学校成功的重要标志。"名校"通常也是当地教育政绩的"名片"。学校追求成为名校、学生和家长目标指向名校、地方政府努力建设名校,在中国很多教育行为是围绕名校逻辑展开的。当前我国基础教育的短缺是优质教育资源的短缺,家长的焦虑主要是就读"名校"的焦虑。对名校的追求背后是配置社会分层的需要,教育改革难以达到预期效果就在于这样的基本逻辑没有改变。从某种意义上讲,对"名校"的理解和追求直接影响我国基础教育的运行。

何为"名校"? 其实社会、教育界和家长对"名校"有着不同的理解。社会认可的名校通常是具有更大社会影响力、美誉度的学校,是长期办学成果的积累,更多体现为"实力"和"声望",名师多、录取分数高、升学成绩突

出、涌现出知名校友、获取各种荣誉等，主要是基于办学成果积累的知名。教育界认可的名校更多是教育教学改革领先、具有创新性实验示范性的学校。家长认可的基础教育名校似乎更为功利，首先是近期的考试升学成绩，其次是学生的素质表现和学校的社会口碑。

概括既往可以发现，中国基础教育名校的"成名"路径有六种典型方式：一是应试成绩突出型，从取得突出升学成绩开始，全面推动学校总体发展，这是最多名校的"成名之路"。二是历史积累型，多数是历史名校，起点高、历史久、口碑好，即使当下成绩不是最突出，其社会口碑与声望仍然被社会认可。三是资源优势型，通过突出的教育资源优势建设成为名校。四是教改明星型，在历次教育教学改革中作为领先者而确立自己的影响力。五是是贴牌扩展型，即通过"名校贴牌"直接成为"名校"，美其名曰"扩大优质办学资源"。六是品牌营销型，公办、民办都有，包装形成品牌形象，通过各种形式的广告营销，甚至还有的通过一些虚假手段"创造成绩"，迅速扩大社会美誉度。六种典型的名校成名之路，主要集中在应试成绩、历史积累、资源优势、教育教学改革、"贴牌"发展、包装宣传等奠定名校基础。现实中花样翻新的"应试教育"、各种形式的"掐尖"、学校的包装宣传、名校与房产等机构合作建分校等，众多乱象背后指向成为"名校"，可以认为"名校"的形成路径是引导学校行为的关键。

（二）"双减"重新定义中国"名校"的内涵与发展路径

"双减"政策的推行，在很大程度上改变了中国名校成名的路径依赖，"好学校""名校"的标准被重新定义，"成名"的途径也随之发生根本的变化，因此这是改变基础教育学校发展逻辑的行动。

"双减"政策的重要内容是控制和淡化成绩竞争，不仅杜绝各种形式的按成绩排名，也大大减少和控制考试，严禁炒作中高考成绩。从各地配套政策的落地看，这次要真正管住"成绩竞争"、降低成绩焦虑。随着各种考试成绩的淡化，堵住片面追求成绩的"应试成名"，未来"应试教育"将难以带来预期的收益，相反会付出较大的成本。

当今义务教育阶段的"名校"，大多具有比较明显的办学资源优势。几十年来我国很多学校选择"抢资源办名校"的策略，变换花样争夺优质生源、运用收费的资金吸引优秀教师、与名校合作"傍大款"，实现学校办学资源聚集从而成为"名校"，成名又会带来更多办学资源，导致学校发展越来越不均衡。随着政策的推进，教育资源均衡首当其冲，从中招"无底限名额到校"到义务教育大学区制、多校对口、公民同招、电脑摇号，从薄弱学校扶持到教师校长交流，从规范收费到均衡办学条件、改造薄弱学校，都在努力推进学校之间办学资源均衡，可以看出，未来通过独特的资源优势建设"名校"的路已经越走越窄。

规范办学行为是这次"双减"的重要内

容,现实中不同地区学校都存在不规范办学的问题,很多学校不是深入研究教育教学规律,而是通过加班加点、加大家庭辅导、成绩排名、争抢名师优生等建设"名校",这些行为的成本低、收益高、见效快。随着全面规范办学行为,促使学校回归教育本源,把学校竞争真正引向内涵发展。

"双减"的另一个重点是课外补习。愈演愈烈的课外补习不仅超前"抢跑",直接加剧社会焦虑的"剧场效应",逼迫多数家长不得不投入大量财力和孩子的时间用于补习,极大影响孩子身心健康、制造社会焦虑,更导致学校教育被"边缘化",课外补习成为提升成绩的重要渠道。现实中很多"名校"的办学成果是家庭社会资本运用的结果,"拼课外""拼家庭经济实力"放大了家庭差距对孩子发展的影响,导致不均衡的代际传递,隐含着巨大的社会治理风险。本次治理校外培训力度前所未有,基本可以阻断靠课外补习帮助学校取得亮眼成绩的可能性。

义务教育延时服务是这次政策的要求之一,各地已经迅速推开。堵住校外培训之路、打开学校延时服务的门,让义务教育回归学校主阵地。课后无人看管的问题一定程度得以解决,校外补习辅导机构机会大大减少,各种课外活动和锻炼运动的时间得到保障,这必将显著减少家庭差异,为更多孩子提供更加公平均衡的竞争环境。

正在各地推进的教师校长交流制度,直指学校师资差异,优秀教师的交流交换、优秀

校长定期轮岗,必将大大降低"名人效应""马太效应",将会在很大程度上推动学校之间师资的均衡。

"公参民"的退出是"双减"的另一项重要措施,名校撤出各种形式参与的民办学校,清理名校的"贴牌"扩张,这在一定程度上堵住了"傍大款"成名的道路,也会大大减轻民办学校的"虹吸效应"。对民办学校的规范治理,可以有效促使各地从急功近利中冷静下来,扎扎实实地办好每一所家门口的好学校。

规范招生秩序是"双减"的又一关键措施,通过"指标到校""多校对口""报名超额摇号"等措施,堵住各种形式的"掐尖",将会迅速均衡义务教育阶段学校的生源,解决了"名徒出高师""名生出名校"的状况,也降低了"牛娃""鸡娃"产生的社会基础。

评价改革改变学校发展的动力机制,"名校"光环带来收益迅速减少,评价引导学校注重教育的增值性,在一定程度上降低了成名焦虑和预期,可以使更多学校安心立德树人,注重学校内涵发展和育人方式改革。

这一套"组合拳"打出,彻底改变了我国基础教育学校的"名校"定义和学校发展的基本逻辑,推动学校向着立德树人、关注孩子健康成长的方向发生历史性的根本转变。这是一次空前的教育系统变革,学校只有尽快适应这样的变化,重新明晰自己的办学思想和发展路径,才可能跟上时代的发展。

三、"双减"政策的博弈机制分析

1999 年第三次全国教育工作会议之后，中国基础教育改革的思想观念与目标方向充分体现了国际教育改革的趋势与特点。时至今日，从国际比较看，中国基础教育的思想理念并不落后，政策目标方向也是明确的。但从 20 多年的实践看，政策实际落实效果并不理想，一次次"减负"、反对"片面追求升学率"、全面实施"素质教育"、"立德树人"，每一次都有所改善，但其后的反弹往往更趋激烈。究其根源在于政策面临现实的博弈损耗，这次"双减"是否仍然会"重复着昨天的故事"？

（一）中国基础教育政策的博弈困境

公共政策面对私人选择的困境。这有点类似早期的"公地"困局，国家基础教育政策更多出于国家民族的需要，毫无疑问素质教育、全面发展是最有利于国家、社会和全体人民的，对每一个人都是有利的。但对个人而言，在社会地位配置的教育选拔中获胜才是关键，这就形成了"剧场效应"，更多人希望通过"抢跑"占领有利地位，最终导致政策失守。

中央政府与地方政府的需求不同。中央政府在全国配置教育资源，是基于教育理性制定政策的，但地方政府面临不同地区之间的"政绩竞争"，以升学为代表的教育显性指标成为政绩的重要表现，这就出现中央政府素质导向的教育政策面对地方"应试"式的落实，政策走向变样。曾经有地方教育局局长公开宣称就要"应试教育"。

地方政府追求教育均衡与学校争取自利或利己的不均衡。如果不影响到升学等"政绩"指标，地方政府在自己属地是希望全面落实国家教育政策、全面实施素质教育的，为此总是努力推动教育的均衡发展。但学校总是努力争取更多办学资源，为自己学校取得更有利的竞争优势和条件，追求超越其他学校的发展。学校的积极努力是教育发展的重要动力，但也会破坏政府教育均衡发展的目标，只能在博弈中寻求妥协和平衡。

学校追求整体绩效，但教师更追求自己在学校中的地位。学校努力按照教育教学规律提高办学成效，总体上也是比较关注学生全面发展的，但学校内部年级、班级、教师之间存在显著的竞争，许多时候这样的竞争直接关系个人的晋升和地位。于是学校努力构建一个体现整体优势的管理制度，而教师努力为自己班级、自己学科争夺更多时间和精力。一些学校开设各种活动课程和社团，而班主任尽可能阻止参与并引导学生将时间精力投入学科学习，学科教师总会为自己的课程争取更多时间。作业负担为什么减不下来？许多时候教师自己未必认同布置更多作业，但为了让学生将更多时间精力投入自己学科，总会尽最大可能布置作业。教师抢时间的劳动并不会计入工作量，但多数教师仍然乐此不疲，背后是教师考核机制的作用。

多数时候家长、学生、教师捆绑对抗政策。家长、学生和教师在升学竞争面前是利益共同体,更容易达成抵制学校和政府政策的合作,形成了"上有政策下有对策"的默契,共同指向选拔考试中的胜出,在成绩面前其他方面发展都被排后了。学校部分利益与家长、学生和教师一致,因此既是应试教育的反对者也是应试教育的追求者,自然会选择性执行相应政策。地方政府部分利益与应试是一致的,因此也会在一定程度上或明或暗鼓励或支持违背教育规律的应试行为。由此可以看出,中央和个人居于利益的两端,各级地方政府和学校居于两极之间的不同位置,这就形成执行政策的不同选择和行为特点。

（二）本次"双减"的博弈特征分析

与以往的教育政策不同,本次的"双减"以及配套政策,其作用支点选择了学校,选择了借助学校成为名校、追求自我发展的关键点用力,通过规范学校行为和限制校外培训改变学校的行为方式,这显然是非常高明的,但同样面临不断涌现的变形、变相抵制。

从总体看,"双减"以及相关政策主要还是指向教育的"供给侧",教育的需求侧没有发生实质变化,必将导致供需不平衡加剧,被挤压的教育需求总要不断尝试各种可能的实现方式,由此形成新的博弈机制,这是全面落实"双减"攻坚中需要引起重视的。

"双减"政策推动学校生源、师资、经费的均衡,加上对校外培训"助学"的严管,逼迫学校走向内涵发展、走向真正推动育人方式的变革,放弃以往成就名校的"路径依赖",有望改变教育的生态。但是家长"超过别人"的需要没有改变,校外培训被规范后,迅速转为"地下",各种变相的校外补课层出不穷。校内限制作业、控制教育进度、减少控制考试,直接导致部分家长的焦虑,已经出现家长抱团众筹,要把学校减下去的再补上来,这一"猫捉老鼠"的游戏预计会持续很长时间。

考试在前、应试在后,"应试教育"问题的关键不在应试而在于考试,即考试内容与方式的改变。当全面落实教育政策、全面提升学生能力素质的教育才可能取得更好成绩的时候,这样的博弈游戏才有望真正改变,因此考试命题的创新改革是刻不容缓的关键问题。

"双减"推动了区域内的教育均衡,但区域之间的不均衡可能不断扩大,"择校"将会转向"择区"。因为各种轮岗、薄弱学校改造、名额分配等等都是基于区域的,教育经费主要由县级地方财政负担,除了转移支付、对口支援外,跨区域均衡的政策手段并不多,不同区域的教育差距必然会拉大,尤其县域之间教育均衡发展面临更大困难。随着招生地域的规范,严控跨区招生,名校的"虹吸效应"会降低,家长有可能从"择校"转向"择区",生源的流动未必会降低。加强"县中"和西部师资队伍建设,严格限制发达地区从教育落后地区引进优秀校长和教师,可以暂时阻止人才外流,但同时可能降低优秀人才到这些地方就业的意愿,进而降低西部和农村地区师资进入的整体水平,最终未必有利于师资队伍建设。

"双减"全面改变教育的运行,在推动教育均衡的同时也可能降低教师的积极性,轮岗等政策导致教育质量的责任人不明晰,不能过多使用成绩考核评价导致一些教师对学生学业进步的投入降低,家长可能更加焦虑,不得不寻求校外补偿渠道,不仅家长自己的时间精力投入加大,各种形式的"地下补课"也会随着风险加大而涨价。

优质升学名额的比例分配和控制跨区流动,在很大程度上可以降低区域之间的竞争,有利于地方政府和学校转变教育思路,全面立德树人,改变博弈的逻辑。但在区域内,学业成绩仍然是评价学校优质的重要指标,而学业成绩的差距又是教育均衡的重要指标,就会出现"学校成绩太好就会成为被均衡的目标、学业成绩不好就没有地位",政府因为学业成绩差距大而推动均衡发展,又通过考核各学校的学业成绩提高区域教育质量。

(三)本次"双减"的趋势预判

教育治理是一项十分复杂的系统工程,教育选拔是社会分层的重要基础,关系到广大人民群众的切身利益,教育政策面临复杂的博弈环境,需要谨慎细腻操作。这次的"双减"切入问题具体、配套落实得力,指向整个教育运行的生态环境,目标是转变教育运行逻辑和方式。我们可以从"八项规定"的实施得到启示,相信这样持续抓下去是可以改变整体局面的。甚至我们可以把"双减"理解为教育系统的"八项规定"。

如果持续抓住学校行为的转变,就可以带动教师、家长和地方政府的转变,共同降低升学压力,将教育回归立德树人的根本。当全社会习惯了非"鸡血"状态,就可以形成教育运行的新常态。试想,恢复高考初期升学竞争异常激烈,但学校并没有出现严重的"应试"状态,家长也是比较平静的。随着部分学校超常规的应试、部分家长的"鸡娃",焦虑紧张逐渐扩大,补习成为常态、题海成为正常,学校逐渐陷入应试陷阱。这样的过程与治理低效不无关系,根本原因是教育生态系统的恶化,因此"双减"取得成效关键是改变整体教育生态。

中国教育生态改变的核心在评价选拔标准与机制,因此必须紧紧抓住招生考试改革。"双减"与高质量发展都是政策的重要目标,教育部明确提出"双减"不减教育质量,但随着"双减"的落实,教师的工作时长增加、工作量加大、教育责任更大,学生作业辅导与个别化教育成为所有教师必须完成的工作任务,如何建立教师激励机制也是一个非常现实的问题。

四、"双减"背景下学校目标与战略选择

随着"双减"政策的全面扎实推进,不仅营利的校外学科培训被逐出市场,学校运行的环境也会发生巨大变化。"好学校"标准发生改变、提升质量与成绩的路径依赖难以为继,在这样的背景下,学校的发展目标需要调

整,战略思路和管理策略都要改变。

(一) 转变办学思想,认识和理解"双减"背景下的"名校"内涵

在新的办学环境里,政策引导学校走向自身内涵发展,立足学生的健康成长,坚守立德树人的教育初心,为党育人、为国育才,为中华民族伟大复兴奠定人才基础。学校转向追求育人为核心的综合办学成效,"名校"体现为育人的名校,是得到政府、学生及其家长、教师、社会认可的好学校。

首先,名校是坚持立德树人、以学生发展为核心的学校。"双减"全面引导学校办学思想与发展定位,以"立德树人"为总体要求,围绕学生发展不断提高办学质量,办学思想端正、办学理念先进是名校的基础。

其次,名校是模范遵守教育政策法规,规范化办学的学校。"双减"后对学校运行的合规性要求大大提高,模范遵守教育政策法规,坚持合规办学是名校的基础。

第三,名校是坚持教育改革创新,不断探索育人规律、专业水平高的学校。"双减"后教育教学改革创新的引领作用将会更加体现学校的地位,对办学的专业化要求不断提高。

第四,名校是常规管理优秀、各种活动中表现突出的学校。"双减"后内涵发展成为学校办学水平的重要标志,其中管理水平对学校声誉影响更大,由于成绩影响受到控制,学生在各类活动中的表现对学校口碑影响更大。

第五,名校是学业成绩扎实、具有稳定较高办学质量的学校。"双减"不减质量要求,学业成绩仍然是学校优质的重要标志,但随着考试评价改革的推进,取得良好学业成绩的途径和策略将会有较大变化。

第六,名校是教师认同、家长放心、社会满意的好学校。"双减"后成绩的影响降低,教师、家长和社会的认同成为名校的主要体现形式,学校办学得到教师认同,家长能够放心地积极把孩子送到学校,在社会形象口碑都会具有更大影响。

(二)"双减"背景下学校发展目标的确立

"双减"作为外部推动力量,促使学校办学思想、发展战略、管理思路进行全面调整和转变,学校自身的办学思想与办学定位、学校的发展目标都需要做出新的调整,需要考虑新教育生态的要求。

第一,从追求特定指标转向满足办学主体需要。以往学校办学目标都会涉及特定办学指标,多数时候是升学率、成绩排名等"应试指标",随着"双减"的推进,学校办学更应立足学生发展,以增值性思想定义学校发展目标,努力满足办学主体需要,体现满足需要的教育质量观。

第二,从立足超越其他学校转向不断自我超越。中国基础教育学校长期处于比较激烈的校际竞争中,超越竞争对手是曾经的战略追求。在"双减"背景下,每一所学校的定位都会进一步清晰,每一所学校都应是独一无二的,需要从眼睛向外的竞争转到面向自身的超越提升。

第三，从成绩导向转向口碑声望导向。以往很多学校办学都是成绩导向的，"双减"淡化成绩的影响，学校办学成绩更多体现在口碑和声望，为此学校发展目标需要做出相应调整。

第四，从以资源为重点的发展转向以专业为支撑的发展。"双减"均衡学校办学资源，立足优势资源的发展路径已经不可持续，为此学校发展目标应当从获得优势资源转向立足现实、以提升办学育人的专业性为重点的发展。

第五，从以学校发展为中心的战略转向以学生发展为中心。以往学校发展目标是以"名校"为导向的，"双减"立德树人要求学校转向学生发展为主导，通过学生发展目标引领学校发展、带动教师发展。

第六，从以功利为重点的激励转向以使命责任为核心的内在激励。以往学生激励更多侧重功利追求，随着社会发展和办学环境转变，学校需要更多从意义和价值、使命与责任激励教师和学生，需要建立新的发展激励机制。

（三）"双减"后学校战略重点集中在内涵发展和外部口碑与影响力提高

"双减"后学校发展的思想与目标已经发生变化，学校发展的战略措施需要相应调整，立足内涵提升与社会口碑提高实现学校发展，为此学校的发展战略措施应该集中在内涵提升与外部口碑影响力的提升两个重点方面。

第一，以内涵为重点的战略措施。学校内涵发展主要集中在课程体系建设、课堂教学改革、德育体系优化创新、学校教科研、学校特色建设等方面。

学校课程建立要立足开齐开足国家课程，围绕国家课程校本化体现学校自身办学定位，运用校本课程推动活动与实践，建设学校完整的学校课程体系。

课堂是育人的主阵地，教学改革需要关注人的发展、充分运用现代教学技术手段、立足学情追求增值进步、结合实践推动知识运用，不断研究运用新的教学理论、提高课堂教学有效性。

学校德育工作需要适应新时代要求，不断创新德育的形式与方法，坚持五育融通、五育并举，与现实生活结合、与学生经历体验结合、与学科教学结合、与管理实践结合，重养成、重活动、重践行，以价值观引领责任使命构建发展激励机制。

"双减"后对学校办学专业化要求大大提高，教科研具有更加重要的作用，教科研应该坚持以现实问题为研究课题、教育教学改革与研究过程结合、教科研成果与学校发展结果一致。办学特色是学校核心竞争力的重要组成部分，必须结合学校实际走特色发展之路。

第二，以口碑与影响力为重点的战略措施。"双减"后的学校需要更加注重树立良好社会形象，学生、教师、学校的行为成为学校品牌的重要组成部分，参与地方各种活动的影响在扩大。一所学校对区域内教育的引领示范作用是办学水平的重要标志,体现了学校的地位,需要更加重视。

学校与社区、家长和社会的沟通交流,对于办学具有更大影响,需要不断了解利益相关方面对办学和发展的诉求、努力满足各方面的要求,这本身就是学校办学成就的重要组成部分。在"双减"后的办学环境里,社会实践和社区服务是教育的重要组成部分,需要学校融入到自身的育人体系中并充分发挥其作用。

总之,"双减"后的学校发展必须以立德树人为根本,以学生发展为核心,推动学生身心全面发展,在学生身上体现学校的办学成果、在家长满意度上体现优质特征、在教育教学改革创新中体现学校的名校风范、在常规管理检查评估中体现学校水平实力。

参考文献

1. 中共中央办公厅国务院办公厅. 关于进一步减轻义务教育阶段学生作业负担和校外培训负担的意见[Z]. 2021 - 07 - 24.
2. 中共中央办公厅国务院办公厅. 关于规范民办义务教育发展的意见[Z]. 2021 - 09 - 01.
3. 教育部. 普通高中学校办学质量评价指南[Z]. 2022 - 01 - 10.
4. 教育部等九部门. "十四五"学前教育发展提升行动计划[Z]. 2021 - 12 - 16.
5. 教育部等九部门. "十四五"县域普通高中发展提升行动计划[Z]. 2021 - 12 - 16.
6. 中共中央国务院. 深化新时代教育评价改革总体方案[Z]. 2020 - 10 - 13.
7. 国务院办公厅. 关于新时代推进普通高中育人方式改革的指导意见[Z]. 2019 - 06 - 19.
8. 中共中央国务院. 关于深化教育教学改革全面提高义务教育质量的意见[Z]. 2019 - 06 - 23.

2. 高中多样发展是基础教育体系重构的关键
——兼论我国高中教育政策百年演进及逻辑理路

郐庭瑾　李大印

提　要： 通过政策文献研究发现，我国高中教育的育人内涵不断丰富，结构功能趋向多样，"人本"价值取向特征愈益凸显。百年来高中教育政策形成的动力机制由"政府主导"转向"多元牵引"，政策目标的价值取向从"工具价值"向"人本价值"转变，实施的过程保障从依靠"政策权威"转向学校"实践自觉"。在后普及时代，高中阶段教育如何在衔接义务教育与高等教育的基础上，进一步彰显其成人成才的功能，融汇知识与技术、技能等核心素养，贯通升学与就业、学术与职业等成长通道，真正形成多样化育人格局，是"双减"后重建教育生态和重构教育体系的关键之举，应该成为高中阶段教育政策设计优先关注的问题。

作　者： 郐庭瑾，华东师范大学教育学部教授，教育部中学校长培训中心副主任
　　　　李大印，华东师范大学教育学部博士生

减轻义务教育阶段学生作业负担和校外培训负担，是以国家意志重塑基础教育育人理念，落实立德树人，办好人民满意的教育。从长远看影响到我国教育生态的优化和高质量教育体系的重构。"双减"实质上是运筹当下和布局未来的一场教育体系大改革。

高中作为基础教育的高级阶段和承接高等教育的关键节点，既关系到义务教育"双减"实施成果的巩固，也影响着"双减"的实施内涵和质量。以思考"双减"后高中育人方式变革为核心要义，本文对高中教育政策百年演进变迁及其背后的逻辑理路进行分析，通过观照不同阶段高中教育政策的价值秉持和问题指向，把握不同发展阶段的人才培养需求及相应的教育发展决策思路，希望以史为镜启示当下教育体系变革应有的逻辑和路向。

一、"双减"与高中阶段教育有什么关系？

高中阶段教育是我国教育体系中人才培养流动的核心环节。高中阶段位于基础教育与高等教育之间，包括普通教育（普通高中、成人高中）和中等职业技术教育（普通中专、成人中专、职业高中、技工学校）。就其性质

而言,高中阶段教育属于中等教育,是基础教育的高级阶段,教育教学内容为基础教育的拓展和延伸。

截止到 2019 年,我国义务教育、高等教育、高中阶段教育均已达到普及化。后普及时代高中教育既是我国教育事业发展的重大任务之一,也是牵引义务教育优质均衡、高等教育质量提升,最终影响和决定劳动力素质提升、人力资本健康发展的关键性领域。2019 年,《中国教育现代化 2035》提出把"劳动年龄人口平均受教育年限明显增加"作为 2035 年实现"人力资源强国和人才强国",推进教育现代化总目标实现的基础。根据《国家中长期教育改革和发展规划纲要(2010—2020 年)》的目标,2020 年我国主要劳动年龄人口平均受教育年限要达到 11.2 年,相当于高中二年级水平,其中受过高等教育的比例将达到 20.0%。新增劳动力中受过高中及以上教育的比例要达到 90.0%。[①] 根据教育部 2021 年公布的数据,2020 年我国高中阶段在校生为 4 163.02 万,高中阶段毛入学率 91.2%,高等教育毛入学率则为 54.4%。在高中阶段教育已经高度普及、而高等教育仍需时日实现同等普及的过程中,高中阶段教育既是我国主要人力资本输出的关键阶段,同时也是我国主要劳动力输出开始转向依靠高等教育规模扩大的关键发展阶段。

"双减"政策必定给高中阶段人才培养带来深远影响。高中教育的职能之一是做好与义务教育的有序衔接。在"双减"之后的教育体系重构中,这种衔接尤其体现出特殊价值。"双减"政策的内在价值是回归教育育人本质,尊重教育规律,减轻全社会对优质资源获得的执迷。因此,如何真正长效落实"双减",需要从根本上反思学生负担产生的深层次原因,从而破解关键问题。在长期以考试作为人才筛选机制的导向下,优质小学和优质初中是进入优质高中的前提或保障,进而才有可能上好的大学,才有可能获得好的人生,由此形成了获得优质教育资源即等同于成人、成才、成功的怪圈。

从这个逻辑看,义务教育阶段家长之所以疯狂追捧校外培训,进而导致教育中的剧场效应和无限内卷,最终全体学生学习负担过重,其实质是源于对优质教育资源和机会能否持续获得、平等获得的焦虑,以及对未来的人生发展和阶层进入是否具有选择优势、相对优势的担心。这根本上是由于我国高中和高等教育阶段优质教育资源不均衡、不充分,进而对义务教育乃至更早阶段的教育竞争产生前序影响,所带来的链条式传导效应。

虽然我国高中阶段教育总体上已经高度普及,但由来已久的普职比问题,使得义务教育后的强制"分流",即初中毕业要么进入普通高中继续升学,要么进入职业高中准备就

<hr />

① 国家中长期教育改革和发展规划纲要(2010—2020 年)[EB/OL].[2021.9.24]. http://www.moe.gov.cn/srcsite/A01/s7048/201007/t20100729_171904.html.

业,成为所有学生不得不直面的人生第一次残酷竞争和无情抉择,进而引发大多数中国式家长难以承受的压力和拒斥。

因而,精英化高等教育时代大众对高考"一考定终身"的责怨,事实上已经悄悄演变为高中和高等教育普及时代"中考分流"的忧惧。或者说,"中考焦虑"已经远远超过"高考焦虑",成为"双减"真正落地不得不正视的障碍。尤其是随着高等教育的普及和经济社会的发展,家长和学生对进入普通高中进而升入大学的意愿比过去更为强烈。相比于以往的"高考决定人生",初中毕业分流,即所谓"中考决定人生",由于教育全面普及而带来的人人有份,以及年龄提早三年而带来的"十五岁定终身",加之国家政策强制"大体相当"而带来的无可选择,以及职业教育作为类型教育的长期短板,多种因素综合叠加,使得后普及时代的孩子和家长,对义务教育后的中考升学命运存有更为深重和持久的人生寄托,也由此使得高中阶段教育的改革与未来发展成为"双减"能否真正落实落地的关键影响因素。

因此,"双减"政策的有效实施,需要进一步扎实深入推进高中阶段教育的改革,需要回应普及背景下人人出彩的时代声音,将高中多样化作为重大的时代命题予以真正解答,在普通高中、职业高中、综合高中的基础上,进一步深入研究和探索"多样化"应有的理论内涵和实践型态,建设更多真正由课程体系支撑的、丰富多彩的、多样化类型的高中

学校,以适应差异性、个性化的学生成长与发展需要;需要深入推进高中育人方式的改革,无论是学术型拔尖人才、艺体类特长人才、理工类创新人才,以及操作型技术人才或动手类技能人才,都能够在学校教育的过程中尽展其才,获得最适合其潜能和优势的发展。而不是用同一张试卷,用分数将不同类型的学生区分为强弱、优劣或高下不同的等级或层次。从这个角度而言,通过对各类高中阶段学校放权赋能、激发活力、提升质量显得尤为重要。

在未来高中阶段育人格局中,不仅是示范高中和普通高中能够成人成才,综合高中、特色高中、职业高中等各类学校都能因材施教,彰显育人成才的本质功能,这是"双减"政策实施后高中阶段教育需要的最大"优质均衡"。

二、百年高中教育政策的变迁及特征

中国共产党成立百年以来,高中教育政策的变迁总是与影响高中教育发展的重大历史事件交织在一起。本文以新中国成立、高考恢复、大学扩招、党的十八大召开四个直接影响高中教育发展的标志性事件为时间节点,将高中教育政策划分为初具形态和秩序时期(1949—1976 年)、恢复高考后蓬勃发展时期(1977—1992 年)、大学扩招牵引高中教育迅猛扩张时期(1993—2012 年),以及十八大以来高中育人方式深刻变革时期四个阶

段。基于此,本文对百年来高中教育相关的重要政策、规划、纲要、领导讲话等文献进行

梳理的基础上,构建了一个高中教育政策发展演变的分析框架(如图1)。

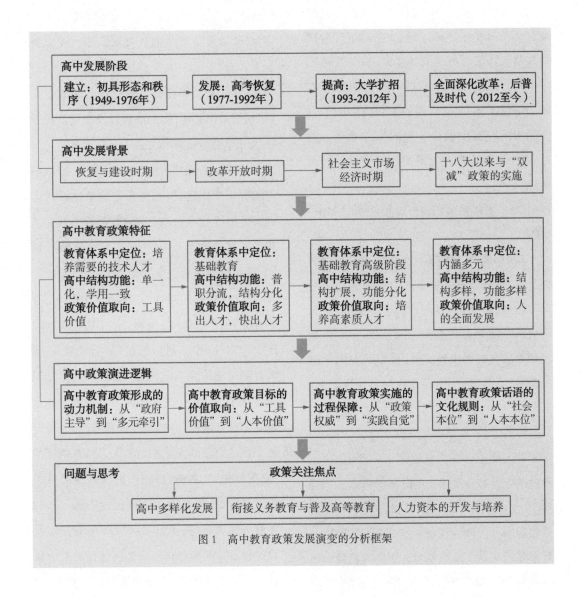

图1 高中教育政策发展演变的分析框架

第一,以新中国成立、高考恢复、大学扩招、十八大召开等直接影响高中教育发展的重大事件为时间节点,将研究区间划分为四

个时期分别归纳不同阶段高中教育政策的特征。第二,由于教育政策文本涉及内容较为广泛,政策特征归纳难以用单一维度把握,因

此,本文从高中在教育体系中的育人功能定位、高中在教育体系中的结构功能特征、高中育人的价值取向三个维度的变化来揭示高中教育政策的变迁特征。第三,在对不同阶段教育政策特征进行总结的基础上,从政策形成的动力机制、政策目标的价值取向、政策实施的过程保障、政策话语的文化规则四个方面剖析阐释高中教育政策的演进逻辑。最后,对未来高中教育发展进行前瞻性分析和阐述。

(一) 高中阶段教育初具形态和秩序(1949—1976)

高中阶段教育萌芽于新民主主义革命时期。在"文化教育为革命战争与阶级斗争服务"的方针指导下,教育是动员群众、服务无产阶级革命的重要工具。1934年,第一个关于职业教育的纲领性文件《短期职业中学试办章程》颁布以后,中等教育开始发展起来。从1937年3月西北办事处成立边区第一所自办中等学校"鲁迅师范",到1939年边区中学和鲁迅师范合并成立边区第一师范,这一阶段的中等教育呈现初创时期的特点。1948年10月,新华社发表《恢复和发展中等教育是当前的重大政治任务》,指出"当前解放区最重要的问题就是恢复和发展中等教育……仅有短期政治学校和训练班、不能满足需要……中学必须正规化发展"。[①] 此后,中等教育开始走向正规化建设道路。

新中国成立以后,中等教育规范办学进度加快。尤其是建国初期,国防、经济、文化等各项事业建设迫切需要大量的中等技术人才,必须依靠正规化的教育来实现。在此背景下,1952年第一次全国中等教育工作会议召开,时任教育部部长马叙伦在开幕式上强调"我们的国防建设、经济建设及文化建设等各项工作是迫切需要大量中等技术人才……必须依靠中等教育培养和供给"。[②] 加快中等教育正规化建设,培养满足国家建设所需的大量中等技术人才是教育政策育人目标所指。此次教育会议修正通过了中学暂行规程、课程标准等有重大影响的改革草案。后来,在这些草案的指导下,中等教育整顿、改革和完善有了统一的准绳,中等教育初具秩序。1952年《中学暂行规程(草案)》颁布,明确普通中学的育人定位是"以普通文化知识教育青年一代……为深入高等学校或参加建设工作打好基础"。从现在视角来看,当时普通中学已经兼具人才流动和人力资本培育的"双重任务"。然而,相较于国家建设的巨大人才缺口,教育正规化改革远远不够。1952年政务院颁布《关于整顿和发展中等技术教育的指示》,明确指出国家经济建设需要中级技术干部人才约50万。为满足这一需要,国家不仅加大力度支持中等技术学校发展,同时也在变革高中育人方式。在当时"实行专

---

① 顾明远.教育大辞典(增订合编本)[M].上海:上海教育出版社,1998.612.
② 何东昌.中华人民共和国重要教育文献(1949—1975)[M].海口:海南出版社,1998:83,1095-1099.

业化与单一化,务求学用一致"的中等教育办学指导思想下,为了快出人才,形成技术人才规模,以满足国家重建与经济恢复和发展对人才需求,中等教育历经十年发展已经形成了相当庞大的规模(如下图2)。

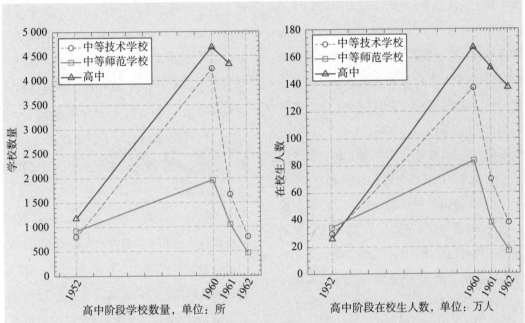

图2　1952—1962中等教育基本规模信息(学校:所　学生规模:万人)

注:来源于教育部党组《关于进一步调整教育事业和精减学校教职工的报告》中的数据图中数据与1999年教育统计年鉴中的统计范围不同,统计年鉴中有说明。

在1952—1960年间,中等技术学校规模从794所发展到4 261所,九年时间增加了5.4倍,其中,中等师范学校规模增加了2.1倍,普通高中增加了约4倍,而学生规模分别增加了4.7倍、2.4倍和6.4倍。1952—1961十年间,中等教育为国家建设培养了大批人才。然而,在以服务国家经济和文教建设为育人目标的人才培养过程中,片面追求教育规模,中等教育极度的持续扩张不仅超出了国民经济的负担能力,同时严重影响教育质量的提升。此后,教育质量与教育规模之间的关系成为政策关注的议题。

(二)恢复高考后高中阶段教育蓬勃发展(1977—1992)

1977年10月12日,教育部颁发《关于1977年高等学校招生工作的意见》,因文革中断11年的高考制度正式恢复。恢复高考成为影响中国当代教育最为深远的一次改革。以统一考试代替"推荐与选拔相结合"的人才选拔背后，是国家对于提升教育质量的迫切需要。

为了提升高中教育办学质量，重点中学办学模式再次恢复。1978年教育部颁发《关于办好一批重点中小学的试行方案》，通过集中优势教育资源提升一部分学校办学教育质量，带动高中教育质量的全面提升。在条件保障和资源支持匮乏的年代，重点中学办学思想彰显出"快出人才，出好人才"的独特时代价值。同时，恢复高考后，知识的价值开始被重新审视。恢复高考最大的意义在于唤起了人们对"知识改变命运"的信心，在社会重新营造"尊重知识，尊重人才"的风气。恢复高考的影响是巨大的，仅在1977年，全国中学在校学生人数比1965年净增约6 000万人，小学在校学生人数比1965年净增约3 000万人。然而当时初中教师高等学历及以上的占比为14.3%，小学教师中中等师范及以上的占比28%。[1] 基础教育阶段师资力量的不足既无法满足社会对于知识的渴求，同时严重制约教育质量的整体提升。为改变这一现状，1978年10月12日教育部印发《关于加强和发展师范教育的意见》，释放了鼓励成绩优异的应届初中毕业生报考中等师范学校的鲜明政策信号。在国家"包分配""免学费"，以及"发补助金"等一系列优厚条件吸引下，一大批优秀的初中应届毕业生进入了中等师范教育。再加上1980年普及小学教育，一时间师资力量成为基础教育的焦点问题。为改善基础教育师资匮乏状况，保障基础教育师资力量的供给，国家在这一时期大力支持中等师范教育发展。历经十余年繁荣，1989年中等师范学校扩张到1 044所，在校生达到68.5万人，规模是1977年的2.3倍，[2] 中等师范教育在90年代末发展到巅峰时期。根据1999年统计年鉴的数据，1998年，中等师范学校在校生人数达到了92.1万人。这些师范生成为后来支撑中国基础教育发展的优秀师资力量，被包括顾明远先生在内的多位知名学者专家反复提及，可谓我国三级师范体系和教师教育改革值得被关注的中国经验。中等师范教育蓬勃发展的背后，映射的是国家在特定时期对快速提升教育体系质量，大规模培养优质人才的迫切希望。

然而，恢复高考以后，中等教育"专业化"与"单一化"的育人弊端愈发明显，主要表现在升学与就业之间的矛盾不断深化。1980年，国务院在《关于中等教育结构改革的报告》中指出"普通高中毕业生除少数升入大学外，每年有数百万人需要劳动就业，但又没有任何专业知识和技能"，此时升学与就业所反映出的更深层次问题是，传统育人理念和教育体系结构已经不适应时代的发展。高中阶段体系结构和育人模式变革势在必行。1985

① 何东昌. 中华人民共和国重要教育文献(1976—1990)[M]. 海口：海南出版社，1998：1649.
② 何东昌. 中华人民共和国重要教育文献(1991—1997)[M]. 海口：海南出版社，1998：3089.

年《中共中央关于教育体制改革的决定》提出实行高中学段分流，初中毕业生一部分升入普通高中，一部分接受高中阶段的职业技术教育。此后，中等职业技术学校规模开始不断扩大。升学与就业的矛盾得以暂时缓解。

高考的恢复对促进教育体系整体教育质量提升显然具有特殊的意义。在以考试为主要依据的人才选拔模式下，应试教育发展趋势成为我国基础教育长期难以扭转的泥潭。虽然在1983年，教育部颁布《关于全日制普通中学全面贯彻党的教育方针、纠正片面追求升学率倾向的十项规定（试行草案）》，但在以"高考"、"中考"作为长期隐形指挥棒的影响下，这种"纠正"真正执行下去显得举步维艰。

(三) 大学扩招牵引高中阶段教育迅猛扩张(1993—2012)

上世纪90年代科学技术迅猛发展，知识经济初见端倪。劳动者的素质和人才的规模与质量成为影响国家综合竞争力的核心要素。然而，在以"考试"作为主要人才筛选方式的机制下，"唯升学率""唯分数论"的应试教育倾向一时难以扭转。在这种育人模式下，学生的理论知识较强，实践技能不足，岗位适应能力缺乏。同时，在1990年，我国高中阶段的毛入学率仅26%，在校生规模只有1529万人，高等教育毛入学率仅为3.4%，在校生只有382万人。[①]当时我国人力资本

开发面临主要劳动力素质不高和高质量人才不足的双重困境。更为严峻的是，在新世纪综合国力竞争中，高质量人才规模同时也是提升国家核心竞争力的关键因素。高质量人才培育需要一定的教育规模作为基础。为了解决人才数量不足与劳动力素质不高的问题，1998年教育部颁布《面向21世纪教育振兴行动计划》，提出实施"跨世纪素质教育工程"。也是在此时，大学扩招的序幕正式拉开。大学扩招对高中教育产生最直接的影响是高中教育规模的迅猛扩张和普及率的急速上升。高中阶段的毛入学率2000年维持在42.8%，到2005年已达到52.7%。大学扩招仅仅5年，高中阶段毛入学率提升了10%，达到了普及教育的水平。在大学扩招的牵引下，助推了高中阶段教育普及化程度的提高，我国主要人力资本输出开始逐渐从完成九年义务教育转向依靠高中教育规模的扩大。

在大学扩招和大力发展素质教育的双重牵引下，高中阶段教育发展受到越来越多的关注。1999年6月国务院颁布《关于深化教育改革全面推进素质教育的决定》，"跨世纪素质教育工程"正式启动。大力提倡素质教育，注重教育过程，扭转应试教育以考试结果为导向的育人模式，注重学生学习过程综合素质能力提升成为高中阶段教育政策的核心

① 2020年全国教育事业发展统计公报[EB/OL].[2021.10.27]. http://www.moe.gov.cn/jyb_sjzl/sjzl_fztjgb/.html.

价值导向。1999 年 8 月国务院出台《关于积极推进高中阶段教育事业发展的若干意见》，提出"积极发展高中阶段教育事业……提高民族素质"。① 在大力发展素质教育改革过程中，一方面，主要体现在以课程改革为突破口实现育人方式变革。2001 年，国务院颁布《关于基础教育改革和发展的决定》，强调"加快构建符合素质教育要求的新的基础教育课程体系"。② 另一方面，全面发展素质教育的意义在于开启了高中育人理念转变的新起点。2003 年《普通高中课程方案（实验）》颁布，此次课程方案将 1995 年国家教委《关于大力办好普通高级中学的若干意见》中提出的"普通高中是九年义务教育后的高层次的基础教育"，修改为"普通高中教育是在九年义务教育基础上，进一步提高国民素质、面向大众的基础教育"。高中教育在育人理念上突出强调基础性和素质教育，育人过程注重人本价值的彰显。这一时期，扭转应试教育，发展素质教育愈益成为高中阶段教育迅猛扩张后教育政策的价值取向。

全面实施素质教育是上个世纪 90 年代末期关于我国教育事业发展的重要决定，对我国 21 世纪人才培养和主要人力资本培育产生了重大影响。这一时期高中育人价值取向从"社会本位"转向"人本本位"，人在教育活动过程中的主体性得到重视。但另一方面，这一时期的教育体制仍然难以摆脱长期应试教育的束缚，换言之，在大力发展素质教育的政策理念下，高中阶段人才培养模式与人力资本开发的核心矛盾问题并未得到根本破解。

（四）后普及时代高中育人方式亟待变革

十八大以来，随着高中教育和高等教育普及化程度不断提高，我国教育事业发展进入了"后普及时代"。在后普及时代，我国人力资本开发和人才培养越来越依靠高中阶段教育的核心作用。高中阶段人才培养直接影响到义务教育优质均衡、高等教育质量提升，最终影响和决定劳动力素质提升、人力资本健康发展等关键性领域。与此同时，在 2021 年"双减"政策实施后的教育生态优化和教育体系重构过程中也在推动高中阶段育人方式变革。总之，在多重因素共同作用下，当下高中育人方式变革比以往任何时候都更加迫切和复杂。

十八大以来，高中阶段育人变革进程在不断加快，围绕以学生为主体和以落实以立德树人为教育根本任务的深化改革逐步展开。仅在 2021 年就分别提出对课程③、考试

① 国务院公报. 关于积极推进高中阶段教育事业发展的若干意见[EB/OL]. [2021.9.14]. http://www.gov.cn/gongbao/content/2000/content_60624.htm.

② 国务院关于基础教育改革与发展的决定[EB/OL]. [2021.10.18]. http://www.gov.cn/gongbao/content/2001/content_60920.htm.

③ 中华人民共和国教育部. 教育部关于全面深化课程改革落实立德树人根本任务的意见[EB/OL]. [2021.9.17]. http://www.moe.gov.cn/srcsite/A26/jcj_kcjcgh/201404/t20140408_167226.html.

招生①、学生综合素质评价②、学业水平考试③等方面进行深化改革的要求。短时间内,高中改革工程之频繁,问题针对之强,涉及内容之宽广,改革力度之大足以体现高中阶段育人变革的重要性和紧迫性。但是,对于2020招生人数已达到1521.10万人,毛入学率达到91.2%的高中阶段教育体量来说,现阶段高中教育无法做到"千校千面",同质化的学校结构和缺乏特色的育人模式使得因材施教,彰显学生个性,实现人尽其才、人人出彩的育人目标成为奢侈品。同质化的高中教育结构和多样化的育人理念难以落地成为制约高中教育进一步发展的顽疾。尤其是普通高中与职业高中可谓"泾渭分明",难以融通。学术高中与综合高中却又边界不清。高中多样化发展问题成为制约高中教育进一步发展的重要因素,并在一定程度上影响着"双减"后教育体系重构,同时又制约着我国基础教育生态的优化和教育体系的高质量发展。

同时,可以预见的是,"双减"之后,高中阶段教育在高度普及的背景下,宽松的招生入口和"细致"的就业出口必然会导致普职分流矛盾更加凸显和尖锐。缓解这一矛盾,平衡升学与就业之间的关系,构建多样化的高中育人体系,以此为基础形成多维育人格局,贯通升学与就业,对不同群体进行因材施教,彰显高中阶段教育成人成才育人功能成为变革的重点。从这个角度来说,"双减"后高中教育体系重构的关键在高中教育多样化发展。虽然在2019年2月,国务院印发《中国教育现代化2035》,提出把鼓励普通高中多样化有特色发展当作发展战略任务,并在2019年6月《关于新时代推进普通高中育人方式改革的指导意见》中明确提出,"到2022年,普通高中多样化有特色发展的格局基本形成"。但对于2020年招生人数已经达到644.66万人的中等职业教育来说,高中阶段仅仅关注普通高中多样发展远远不够。职业高中的多样化发展更是迫在眉睫。未来,在"双减"后的教育体系重构过程中,变革高中阶段育人方式,实现高中育人多样化发展任重而道远。

三、百年高中教育政策的演进逻辑

高中教育政策变迁与时代发展、社会需求、国家建设和人民期望紧密交织在一起。百年来,高中教育政策形成的动力机制和价

---

① 国务院关于深化考试招生制度改革的实施意见[EB/OL].[2021.10.20].http://www.moe.gov.cn/jyb_xxgk/moe_1777/moe_1778/201409/t20140904_174543.html.

② 中华人民共和国教育部.教育部关于加强和改进普通高中学生综合素质评价的意见[EB/OL].[2021.9.17].http://www.moe.gov.cn/srcsite/A06/s3732/201808/t20180807_344612.html.

③ 中华人民共和国教育部.教育部关于普通高中学业水平考试的实施意见[EB/OL].[2021.11.6].http://www.moe.gov.cn/srcsite/A06/s3732/201808/t20180807_344610.html.

值取向多元,政策实施过程复杂,政策话语内涵丰富,这决定了深揭高中教育政策内在价值机理,把握高中教育政策演进逻辑规律难以用单一模式分析。学者们往往采用四个维度的价值取向模式分析,即发生学取向分析模式、过程取向分析模式、目的取向分析模式和政策话语分析模式四个维度。[①] 本文运用这四个模式,从高中教育政策形成动力机制、目标价值取向、政策实施的过程保障,以及政策话语的文化规则四个方面分析高中教育政策百年演进逻辑。

(一) 高中教育政策形成的动力机制:从"政府主导"到"多元牵引"

教育政策的形成是利益相关者之间相互作用的产物。这决定了从高中教育政策形成的动力机制视角分析政策演进逻辑,既不能脱离利益相关者主体,也不能忽略一定的历史环境和条件。依据这一内在联系,百年高中教育政策形成的动力机制演进逻辑体现在以下几个方面。

高中教育初具形态和秩序时期,教育政策形成的动力机制由"政党主导"向"政府主导"演进。在新民主主义革命时期,政党建设和革命需求是中国共产党教育政策形成的直接动力。这种动力机制直接体现在建党初期办工人学校以提升工人阶级思想觉悟,通过普及教育实现对劳苦大众的广泛动员,以及在新民主主义革命中后期提出建设边区中学,培养干部等方面。换言之,这一时期教育政策形成的动力机制源于政党利益需求,是由"政党主导"。新中国成立以后,教育作为改造旧社会和建设新社会强有力的工具之一,高中教育政策形成的动力机制与国家发展需求紧密联系在一起。在建国初期,国防建设、经济建等需要大量中等技术人才。1952 年政务院颁布《关于整顿和发展中等技术教育的指示》支持中等技术教育发展,并将培养中等技术人才作为育人重点。由此可见,国家的建设需求是推动高中教育政策形成的直接动力。新中国成立后,以政党为主导力量的高中教育政策形成,融入于国家发展对高中教育政策形成的影响之中,并以政府为代言的形式体现,也即国家建设和发展对于人才培养的需求是促使政府制定高中教育政策的直接动力来源。

恢复高考后,教育政策形成的动力机制由"政府"和"市场"二元结构共同作用。改革开放以后,党的工作重心转移到以经济建设为中心。经济因素成为推动教育政策形成的直接力量。在"教育必须为社会主义现代化建设服务"的方针指导下,经济的发展是牵引高中人才培育方向的导向,成为促进高中教育体制改革的直接动力。例如,改革开放以后,经济的快速发展和国家建设"迫切需要千百万受过良好职业技术教育的中、初级技术人员,管理人员,技工和其他受过良好职业培

---

① 谢维和. 教育活动的社会学分析:一种教育社会学的研究 [M]. 北京:教育科学出版社,2007:174－175,177－178.

训的城乡劳动者"。为了满足市场对职业技术人才的需求,1985年国家开始改革中等教育结构体制,提出实行高中学段分流以促进职业教育发展。由此可见,高中阶段普职分流及中等职业技术教育发展,是以市场需求为动力促进高中教育改革的鲜明体现。

大学扩招牵引高中教育迅猛扩张以后,高中教育政策形成的动力机制由"二元结构"转向多元力量共同牵引。90年代中后期,主要劳动力素质成为影响经济发展质量和内涵的关键因素;家庭幸福指数与家庭成员受教育水平愈发密切;求职者的知识储备和技能成为获取岗位竞争优势的核心要素。一言以蔽之,知识经济时代,教育发展关系国计民生,涉及利益相关者众多,推动高中教育政策形成的动力机制已经不再局限于"政府"和"市场"二元结构范畴,教育政策的形成是多元利益相关者共同牵引的结果,而政府主要职能之一是成为平衡各方利益诉求的整合者。为满足更多人对高中教育的诉求,同时也为了将我国主要劳动力知识水平提升到更高水平,更是为了缓解就业竞争压力,调节人力资本供给与人才市场需求之间的供需矛盾,1998年教育部提出实施"跨世纪素质教育工程",将学生的综合素质培养提升到与学业成绩同等重要的地位,并在2017年版的课程方案中强调高中育人要突出学生科学素养、学习能力、沟通合作能力等方面。为了满足广大学子对于考试公平的诉求,2014年国务院开始组织实施深化招生考试制度改革,

探索新的人才筛选机制,新高考尊重学生学科兴趣和选择偏好,学生在考试选择上拥有了更多的选择权限。

总之,百年高中教育政策形成的动力机制从"政府主导"到"多元牵引"表明高中教育的发展过程中,教育政策不是政策制定者自说自话,而在逐步体现"话语民主",这是高中教育发展进步的体现,也是高中教育建设民主化进程的体现。另一方面,高中教育政策形成的动力机制由一元走向多元,说明人民、国家、社会对高中育人功能的需求越来越多元。未来,促进高中多样化发展以回应时代的呼唤将会是高中教育政策发展的重点。

(二)高中教育政策目标的价值取向:从"工具价值"到"人本价值"

教育政策是融合了利益相关者诉求的价值综合体。在教育政策中的多元价值诉求表达过程中,"政策价值取向作为主体的重要组成部分和主体的重要特征,决定或支配着主体的价值选择",表达政策主体的利益倾向。建党百年来,从"工具价值"向"人本价值"演进过程中,高中教育政策在回应社会发展需要的同时,实现工具理性和价值理性的统一。

改革开放以前,"培养什么人"是影响革命走向和国家建设的核心问题。在新民主主义革命时期的革命斗争当中,教育是中国共产党宣传共产主义思想,对工人阶级思想教育,团结群众和进行广泛社会动员的有力工具。这一时期,发挥教育的"工具价值"为革命战争与阶级斗争服务是教育阶级性和政治

性的历史必然。社会主义革命时期,教育是国家改造旧社会和建设新社会强有力的"工具"之一。反映在育人上直接体现为中等技术人才培养规模扩张上。中等教育是快速将理论知识转化为应用技能,培养大批应用型人才的有效途径。同时,在社会主义建设时期,在服务无产阶级政治建设过程中,中等教育是对学生和老师进行马克思列宁主义的政治教育和思想教育,培养教师和学生的工人阶级的阶级观点的有力工具。总之,这一时期,教育的工具价值不断彰显。

1977年恢复高考后,"育人质量"成为高中教育政策的目标价值取向。统一招生考试取代"推荐与选拔相结合"的人才选拔模式,以"育人质量"为目标价值取向的高中教育政策体现出三重逻辑:其一,考试成为缓解高等教育资源稀缺与众多学子对于接受高等教育意愿之间的矛盾;其二,通过建立起以考试为主的人才甄别模式,以保证高等教育生源质量;其三,恢复高考成为撬动教育质量体系建设的切入点,成为引领育人方式变革的新动力。然而,职业技术人员的稀缺成为改革开放后经济飞速发展的掣肘。中等教育育人方式变革必须克服教育质量与规模此消彼长的制约机制,彰显出多出人才、出好人才的时代价值。在以育人"质量"为目标的价值取向下,国家鼓励中等师范教育发展,以此扭转基础教育师资不足的问题,为教育质量提升发展打下了基础。其次,在1985年进行基础教育体制改革,高中育人功能增加,结构开始分

化。在以育人"质量"为结果的政策目标价值取向下,高中学段开始实行普职分流,而并非一味扩大普通高中的教育规模。

大学扩招以后,"育人过程"逐渐受到重视,教育的"工具性"价值开始转向"人本价值"。恢复高考后,以应试教育为主的人才评价体制和选拔机制在一定程度上促进了高中教育质量的提升,但以考试为教育质量评价依据的应试教育方式在90年代引起了热议。在考试选拔导向下,学生沦为考试机器,学生综合素质培养被忽视。但对当时国情来说,把国家沉重的人口负担转化为人口红利必须通过提高劳动力素质来发挥人力资本优势。基础教育阶段大力发展素质教育成为国家政策指导育人变革的新方向。在大学扩招后,我国全面推进素质教育,素质教育开始贯穿高中育人整个过程中。总之,大学扩招是基础教育育人方式变革的指挥棒,高中育人模式改革因恢复高考而兴起,也因在大学扩招的牵引下,高中育人价值目标价值取向发生新的转变。

自十八大"把立德树人作为教育的根本任务"纳入党的教育方针以来,在先"立德"后"树人",以人为本的教育理念指导下,高中教育政策目标价值取向集中体现在"人本价值"。在教育活动中注重人的全面发展。2014年,教育部颁布《关于加强和改进普通高中学生综合素质评价的意见》,提出将学生思想品德、创新能力、学业水平、身心健康等综合素质培养提升到与学业成绩同等重要的

地位。通过改革人才评价机制,促进应试教育向素质教育切实转变。在教育活动中为人的全面发展提供机会。2014 年以后国家出台政策启动新一轮高考改革,在新高考改革中,学生拥有更多的选择权,人本价值不断彰显。为了给义务教育后学生提供更多的学习机会,普通高中多样化发展步伐加快。课堂育人方式的改革打破传统课堂单一传授专业知识的固有观念,重视"思想道德教育、文化知识教育、社会实践"的有机融合成为新课改的价值追求。在围绕立德树人的课程改革中,课程改革与国家意志的根植相结合,实现了教育工具理性和育人过程中价值理性的统一。

(三) 高中教育政策实施的过程保障:从"政策权威"到"实践自觉"

教育政策从形成到目标实现,政策实施的保障起着重要作用。百年来高中教育政策的执行行为和执行过程在不断变化,而教育政策实施过程保障的演进与基础教育管理体制的变革始终紧密联系在一起。

在我国教育体系建设初期,法治教育建设处于探索阶段,教育政策的实施尚未形成完整的制度保障体系。同时,在科层制框架基础上建立起来的教育行政管理体制本身具有高度集权的特征。在此期间,无论是基础教育大政方针和宏观规划的制定,还是关于学校授课时数及年度计划,事无巨细,一切教育事务均由中央政府"计划"安排。在大一统、齐步走的教育发展模式之中,教育政策的实施依附于政府合法权威基础之上形成"政策权威",直接表现形式为行政命令。在新中国成立初期,科层制的教育管理体制结构使得中央的行政命令可以得到快速落实,这对中等教育由初具秩序向不断完善发挥了积极作用。但是教育决策权高度集中,在以行政命令为权威保障的教育政策实施过程中,底层或基层组织在被动执行过程中缺少话语权。同时,在固有的政策运行管理体制之下,地方中等学校同质化严重,同时中等教育缺乏办学活力。同时,在一切以"计划"为主的教育发展体系中,教育政策在执行过程中直接受到政府行政的干预,政府的资源分配权利始终是维护"政策权威"的保障。

在中央集权的教育管理体制框架下,教育政策以直接行政命令的形式在体制框架内严格按照行政级别上传下达,以此保障教育政策的执行和落实。这种管理体制下的政策执行机制存在的问题随着教育事业的改革发展愈发彰显。教育管理的高度集权导致政策执行机制过于僵化,政策在执行和实施过程中缺乏效率和变通。这尤其与改革开放后的市场机制形成了鲜明反差。为改变这一状况,1985 年教育体制改革明确提出"基础教育管理权属于地方。除大政方针和宏观规划由中央决定外,具体政策、制度、计划的制定和实施,以及对学校的领导、管理和检查,责任和权力都交给地方"。① 自此,我国基础教育管理权进入了从中央集权向地方逐步有序分权阶段。基础教育管理体制的改变直接引发高中教育政策过程一系列深刻变化,地方政府在具体政策、制度、计划的制定和实施环节拥有了更大的自主权。

进入新世纪以后,基础教育管理权进一步从中央向地方政府放权,向学校自主办学权扩大转变。在学校自主办学权不断扩大过程中,教育政策实施的保障从依靠基层政府监督执行,转变为依靠学校"自觉实践"。国家在建设现代化学校方面明确提出:"推进政校分开、管办分离……取消实际存在的行政级别和行政化管理模式……改进管理方式……扩大普通高中及中等职业学校在办学模式、育人方式、资源配置、人事管理等方面的自主权。"十八大以后,在政府简政放权与职能转变过程中,学校办学自主权不断扩大。健全学校依法办学自主管理的制度体系建设引起国家重视。2012 年,教育部关于《全面推进依法治校实施纲要》提出"在学校内形成决策权、执行权与监督权既相互制约又相互协调的内部治理结构"。2020 年教育部等八部门《关于进一步激发中小学办学活力的若干意见》中提出要"保障学校办学自主权""扩大人事工作自主权"、"落实经费使用自主权"。在国家简政放权,转换政府职能过程中,基础教育阶段办学自主权也不断扩大。

(四)高中教育政策话语的文化规则:从"社会本位"到"人本本位"

从政策话语视角对教育政策进行分析,主要是对政策文本的措辞、语言表述、逻辑修辞等进行研究,分析政策话语与社会经济、政治、文化的内在关联以及呈现方式,同时,结合一定的社会背景,揭示教育政策的目标指向和内在价值取向与存在的权力背景。

由于传统政策文化的传承性和制度框架的惯性,中国几十年来的教育政策以"社会本位"为中心。在"社会本位"政策话语阶段,教育的社会功能被突出,社会发展需求成为牵引教育政策形成的动力机制和育人政策的目标价值取向。例如在彰显政治学的"社会本位"话语阶段(1921—1976 年),高中教育政策将教育的政治功能摆放在与育人功能同等重要的地位。在革命战争时期,服务革命战争与阶级斗争成为教育政策的核心价值取向。这一时期的教育政策文本中,诸如"革命""战争""斗争""政权"等话语的频率较高。教育政策文本中的语言表达和逻辑修辞上也体现出鲜明的阶级属性。社会主义革命和建设时期不同于新民主主义革命时期,这一时期中等教育政策是以"培养什么人"为价值取向,并以此为基础引导中等教育事业的发展。

---

① 中共中央关于教育体制改革的决定[EB/OL].[2021. 9. 14]. http://www.moe.gov.cn/jyb_sjzl/moe_177/tnull_2482.html.

在"教育为无产阶级政治服务"的方针指导下,在这一时期的中等教育政策文本中,"一切""必须"等措辞出现,诸如"一切学校中,必须进行马克思列宁主义的政治教育和思想教育","一切教育行政机关和一切学校,应该受党委的领导"。凡此种种语句和表达不胜枚举地出现在中等教育政策文本当中。其次,在彰显经济学的"社会本位"话语阶段(1977—1992 年),服务经济建设发展是高中教育政策制定的关注议题。在"教育事业必须同国民经济发展的要求相适应……使教育事业的计划成为国民经济计划的一个重要组成部分"的思想指导下,经济发展成为影响高中教育政策价值取向的重要因素。与彰显政治学话语不同,在这一阶段,教育政策文本中并未将经济话语频繁的强调在高中阶段教育政策文本当中,而是依据市场经济的发展需求,借鉴市场经济的灵活体制和管理模式对高中阶段教育进行系统而又全面的结构性改革。例如 1985 年教育体制改革,彰显出"效率优先"的市场特征,为满足经济发展,体现教育与经济发展相适应而进行普职分流,大力支持职业教育发展等。总之,在高中教育政策"社会本位"话语阶段,教育的功利性和人的工具价值被强调,而人的主体性被遮蔽,教育政策的直接本位价值被忽视。

进入新世纪以后,我国素质教育的全面推行标志着高中阶段教育政策开始从"社会本位"话语阶段逐渐转向"人本本位"政策话语阶段。其中"人本本位"话语阶段可分为"素质教育"阶段和以"立德树人为教育的根本任务"阶段。首先,在十八大以前,高中教育政策的制定是以素质教育为出发点,以育人过程中注重人的培养为教育活动的价值取向。例如,"创造全面推进素质教育的良好环境";"全面提高普通高中学生综合素质"等。① 诸如此类的表述频繁出现在高中教育政策文本当中。素质教育成为高中阶段育人过程变革的重要出发点。其次,以立德树人作为教育的根本任务阶段。2012 年,党的十八大把立德树人作为教育的根本任务纳入到党的教育方针,立德树人的提出也是党在教育发展问题上,从传统社会需求视角思考教育发展,转向从"人"的培养视角思考"人与教育""教育与社会"之间的关系。在这一时期高中阶段教育政策文本中,"立德树人"既是高中教育政策指导思想,同时又是政策文本中所强调的核心。在高中教育政策文本内容上,如"把促进学生健康成长成才作为改革的出发点和落脚点……",突出"促进学生全面发展……反映学生全面发展情况和个性特征","促进高中改进教学……减轻学生过重

---

① 国务院公报. 关于积极推进高中阶段教育事业发展的若干意见[EB/OL]. [2021. 9. 14]. http://www. gov. cn/gongbao/content/2000/content_60624. htm.

课业负担和学习压力",①这些话语逻辑中无不强调学生的主体地位。总之,在以立德树人为教育根本任务的改革中,高中教育政策"人本本位"话语文化阶段,人在教育活动中的主体性地位得到本质提升,"人本"价值在实践中不断得到彰显。

四、多样化是高中阶段教育下一步亟待破解的核心问题

从百年教育政策演进逻辑中透视未来高中育人发展规律,在未来愈益突出"人本本位",处处彰显"人本价值"的育人活动中,响应国家、社会和人民的"多元"诉求,最后必然是依靠学校的"实践自觉"来落实。在以"双减"实施为切入点的教育体系重构的历史机遇中,高中阶段教育在衔接义务教育和高等教育的基础上,在人才培养过程中如何融汇知识、技术、技能,如何在人力资本培育过程中贯通升学与就业,并以此为基础营建多样化的育人格局,应是高中教育发展需重点聚焦的问题。

从1985年教育体制改革提出普职分流,到1993年《中国教育改革和发展纲要》首次出现"普通高中办学模式多样化"的表述,再到2019年《关于新时代推进普通高中育人方式改革的指导意见》提出到2022年形成普通高中多样化有特色的发展格局,普通高中多

样化建设始终是备受关注的核心议题。然而,长久以来的应试模式使得普通高中因升学竞争而趋于同质化办学模式,缺乏特色和亮点;与此同时,职业高中又因为社会认同、生源基础等现实困难而徘徊在生存与发展的摇摆之中。在现有的人才选拔机制下,在"中考""高考"的牵引下,"考什么、教什么和学什么"之间已经建立不容置疑的逻辑和路径。与此同时,在优质教育资源分配不均的背景下,在多年来按照考试分数区分生源人为划分学校层次的政策体系中,效仿优秀的示范高中办学模式和路径成为所有学校办学改革与发展最省时省力的快捷途经。近二十年来,示范高中与普通高中,城市高中和乡村高中之间的差距不但没有缩小,反而有差距越来越大的趋势。高中教育优质均衡发展举步维艰,"因材施教"为每一个人提供适合发展机会的教育理念实践变得困难重重。

未来,要用多样化改变同质化,通过多样化办学和特色办学将教育"规模"转化为教育"质量",通过多样化办学使得高中阶段教育能够在促进学生个性发展,满足社会对于人力资本多样需求,为人人出彩提供机会等方面彰显成人成才的育人功能。后普及时代高中多样化发展过程中亟需解决的问题包括这几个方面。

首先,要厘清高中多样化的内涵、边界及

① 教育部关于普通高中学业水平考试的实施意见[EB/OL].[2021.11.6].http://www.moe.gov.cn/srcsite/A06/s3732/201808/t20180807_344610.html.

内在联系。高中阶段教育多样化不仅仅是普通高中的多样化，还是普通高中与职业高中共同的多样化，更是整个高中阶段各种办学形式相互融合融通的多样化。在未来高中阶段教育发展过程中，通过多样化发展来打破普职边界，促进并实现普职融通；通过建设个性鲜明特色彰显的各种类型普通高中与综合高中、职业高中，为人才成长提供合适而又富有个性的发展通路。因此，切实回应"高中多样化"这一时代命题，既是高中教育改革与发展的核心问题，也是"双减"政策真正有效实施，教育发展真正遵循教育规律、回归育人本位的关键问题。

其次，改革现有办学体制，释放多样化办学活力。改革现有办学体制，在明确权责，加强政府监管的基础之上，积极鼓励社会力量参与高中办学。部分职业高中可以通过校企联培，直接为企业发展培养应用型技术人才。在建立健全办学准入机制和管理体制基础上进行适当放权，以多样化发展激发高中阶段办学活力。

最后，建立多样化的人才选拔和甄别机制。以人才选拔和评价的差异化来倒逼高中差异化办学，促进高中办学形成特色。完善中考、高考的考试选拔制度，考试科目选择进一步灵活多变，给学生更多的自主选择权，进一步体现出以人为本的育人价值理念。同时，完善自主招生制度，落实差异化的人才选择权。

3. "双减"后中国教育改革与发展的几个转向①

郅庭瑾

提　要: 在后普及时代以及高质量发展的背景下,"双减"后的中国教育改革与发展,面临五个方面的转向:从关注分数和升学到关注成长,回归立德树人的常识和常态;从单个育人主体分散发力转向多元主体基于共同利益合力打造良好教育生态;从学科类校外培训转向综合素质提升和职业技能培养;从传统育人型态转向数字化、终身化、家庭化的人才培养模式;从关注民生转向更加强调国计,因材施教人尽其才支撑国家创新战略。

作　者: 郅庭瑾,华东师范大学教育学部教授,教育部中学校长培训中心副主任

中国教育从规模和数量上已经全面进入了后普及时代,面临新的历史时期的全新人才需求,教育培养人的战略背景和时代使命需要深刻调整和响应。"双减"政策的着眼点和发力处看似在义务教育,未来影响必将逐步延伸至教育的全时空和全链条,校内校外、普通教育和职业教育、基础教育和高等教育在内的各级各类教育都将相应改变。后"双减"时代的中国教育改革和发展,将在以下五个方面深刻转向。

一、从关注分数和升学到关注人的成长,教育回归立德树人的常识和常态

由于我国教育长期以来发展的不平衡与不充分,加之优质教育资源的可获得机会和回报成效直接影响到受教育者的成长和成才、就业与人生,甚至被认为是决定个体成功和家庭幸福的最关键方面,因而极端应试教育的影响根深蒂固、愈演愈烈,导致许多人才培养的基本常识、基本规律受到异化扭曲,教育发展的基本制度、基本规范难以遵守和执行。由此带来教育的生态环境受到严重破坏,剧场效应无限放大,教育焦虑不断蔓延,学生的健康成长和全面发展受到极大影响。与之同时,这种被全面污染破坏了的教育生态,又令所有的学生、家长、教师无一能够幸免,人人被裹挟其中,直至全社会各领域内卷之风盛行,反过来共同为应试教育顽瘴痼疾

---

① 本文在发表于《中国经济评论》2021 第 17—18 期的《"双减"政策后教育行业发展的四个转向》一文基础上扩充而成.

推波助澜,导致教育事业深陷功利化、短视化的漩涡而无力自拔。针对这种状况,中央果断决策强势出手,以前所未有的政治势能重拳治理校外培训机构,正是在于它根本上"违背了教育公益属性,破坏了教育正常生态"。

"构建教育良好生态"是"双减"改革的重要指导思想之一。党的十八大以来,培养什么人、如何培养人、为谁培养人等一系列重大教育理论和战略问题,受到以习近平同志为核心的党中央高度重视,总书记反复强调,要克服教育的功利化、短视化。2018年9月,习近平总书记在全国教育大会上的讲话中指出:"现在,教育最突出的问题是中小学生太苦太累,办学中的一些做法太短视太功利,更严重的是大家都知道这种状况是不对的,但又在沿着这条路走,越陷越深,越深越陷。"2021年3月,在看望参加全国政协十三届四次会议的医药卫生界、教育界委员,并参加联组会时习近平总书记强调:"教育,无论学校教育还是家庭教育,都不能过于注重分数。分数是一时之得,要从一生的成长目标来看。如果最后没有形成健康成熟的人格,那是不合格的。"

短视化、功利性问题导致的学生作业和校外培训负担过重,由此引发的学生成长异化、家长教育焦虑、人才培养扭曲等一系列问题,不仅严重消耗冲击了教育改革发展的成果和成效,而且有可能给创新国家的发展和民族复兴的未来造成不可挽回的损失。正是缘起于这样的背景和问题,"双减"要坚定不移地以人为本落实立德树人,坚定不移地着眼于学生的健康全面成长,建设高质量的教育体系。可以预见,"双减"之后的教育教学生活将会从以往过分关注分数和升学,转向关注人的成长和个性化发展,回归教书育人该有的常识和立德树人应有的常态。

首先,让立德树人基于人、围绕人、指向人而发生。教育作为培养人的一种活动,是围绕人这一主体展开的。任何一种教育,都离不开人和人之间的交流与交往。学生除了在课堂上通过知识与老师交往,在课堂之外和知识学习之余,与老师和同学建立人格与情感的交流,对其成长具有更为深刻和重要的影响。而当校园里仅有被急促的铃声分割的一节节课堂,仅有充斥课堂的知识授受与题目演练,人作为教育中最核心、最关键的因素被忽略,必将导致教育被工具化和功利化,随之带来竞争加剧、焦虑弥漫、学生厌学、教师倦怠、师生关系异化等各种问题。"双减"之后的学校教育,不需要再与校外机构拼知识容量和授课节奏,应彰显教育该有的从容和优雅,应释放学校该有的愉快与欢乐,课堂内外、课前课后,多一些师生和生生之间的交往交流、对话互动,用人格去感染人格,人性去触动人性。

同时,教育应建立更多的与生活和社会的联系与联结。怀特海说,教育只有一个主题,那就是多姿多彩的生活。生活从来不是割裂和孤立的,以知识为例,知识之间有关联,知识与应用有关联,知识与问题解决有关联；延伸开去，教育教学与社会生活有关联，教学以考试分数为目的，把大量毫无关联的知识灌输给学生，不仅不利于培养思考的习惯和乐趣，甚至扼杀了教育本身的生动性和真实价值。教育的目的从来不是用知识填满学生的头脑，甚至为此演变为背得更多、学得更早、考得更难的无休止竞赛。"双减"把不合理的负担减掉之后，教学就应朝着打破学科的界限，向知识的综合和应用方面拓展，让知识与解决问题建立联系，与学生的生活实践建立联系，释放知识背后的思维价值，体现教学该有的素养培育和智慧生成，这才是提高教学质量和水平应该努力的方向。

未来，我们应该进一步加强面向人人的教育，发展适合每个人的个性化教育，用心、全心去培根和铸魂，让学校成为孩子们精神成长和人格圆满的乐园，让教育充满人与人的关爱和心灵与心灵的触动，从培养单向度的人转向培养全面发展的人，即以人为中心，以促进人的全面、自由、个性化的发展为目的，不断创设和开辟新的教育形态、教育环境，以教育规律和人的发展规律为引导，实现对教育的理念、目标、方法、手段的理性梳理和本源回归。

二、从单个育人主体分散发力转向多元主体基于共同利益合力打造良好教育生态

"双减"政策从治理整顿校外培训乱象入手，表面看是让学校育人主体地位得以彰显，深层次上是重新梳理和构建立德树人应有的合理框架和秩序。作为培养人的一种社会活动，教育从来不仅仅发生在校园的围墙之内，尤其在今天这样的信息时代，教育活动和其影响更是早已超越了学校等有形的教育机构的范围，甚至可以说教育无时无处不在发生，所谓泛在教育的时代已然到来。

因此，营造良好健康的教育生态，光靠学校的努力是远远不够的，尤其需要全社会凝聚共识，一方面从促进个体成长和发展的角度认识教育的功能，同时还要从社会建设、国家发展、民族未来所需要的人力资源共同利益的宏阔立场思考教育的价值。将个体的人才观、家庭的人才观、时代与社会的人才观、国家与民族的人才观、人类与未来的人才观统一纳入到完整的人才培养理念体系之中，基于不同的层面、维度和立场找准教育的目标定位与责任使命，进而将单个主体分散发力的育人局面，转向多元主体协同合力建设教育良好生态的新格局。

联合国教科文组织 2015 年曾发布《反思教育：向"全球共同利益"的理念转变？》报告，号召将教育和知识视为全球共同利益。2021年再次发布最新报告《共同重新构想我们的未来——一种新的教育社会契约》，秉承了教育应成为"全球公共利益"理念，进一步倡导构建新的"社会契约"，呼吁将国家、政府、社会组织、学校和教师、青年与儿童、家长与社区等教育的相关利益方全部纳入契约，倡导

每个人都应成为未来教育的建设者,共同努力实现教育作为"全球共同利益"的愿景。新的教育社会契约强调,教育作为一项公共行动和一种公共利益,让个体、团体、国家和人类实现共同的繁荣是其根本目标。唯有如此,教育才会真正成为一种人类公共的共同利益。

在中国的语境中,政府、家庭、学校、社会协同育人的观念和认识并不是新鲜的提法。关键在于落实和落地。即,多元育人主体如何凝聚共识,协同发力,统一作用于立德树人的整体系统和一致目标之中。

关于政府应该发挥的作用,《意见》特别强调,"地方各级党委和政府要树立正确政绩观","严格执行未成年人保护法有关规定,校外培训机构不得占用国家法定节假日、休息日及寒暑假期组织学科类培训"。这从党委政府评价指挥棒上解决了教育的价值观问题,可谓是修复教育生态、保障学生健康成长的重大举措。

家庭如何落实"双减",则被认为上升到了法律层面。10 月 23 日,十三届全国人大常委会第三十一次会议表决通过《家庭教育促进法》,规定"父母应当合理安排未成年人学习、休息、娱乐和体育锻炼的时间,避免加重未成年人学习负担,预防未成年人沉迷网络"。这被称为"双减明确入法"。同时还规定,家庭教育要"更多关注未成年子女品德、科学探索精神和创新意识的培养,以及良好学习习惯、行为习惯、生活习惯的培养;培养未成年人良好社会公德、家庭美德、个人品德

意识和法制意识"。

至于社会和校外机构,"双减"的重要目的,就是要解决校外培训机构无序发展、严防其"形成国家教育体系之外的另一个教育体系","扰乱学校正常教育教学秩序",进而走出"校内减负、校外增负"的囚徒困境。从这个意义上说,"双减"政策必将带来学校教育与校外教育育人格局的根本性调整。校外机构未来可以成为学校教育的有益补充,不以营利为目的且规范办学的机构中蕴含着丰富多样的教育资源,能够为学校教育提供支撑,为立德树人提供个性化的拓展。

三、从学科类校外培训转向综合素质提升和职业技能培养

与枯燥的反复刷题和机械的死记硬背等应试教育形成鲜明对照,素质教育以提升受教育者的核心素养和全面发展能力为培养目标。随着社会的进步和经济的发展,家长群体的教育观念、消费方式、就业选择等逐渐发生改变,尤其是八零后等新一代的家长群体,愈益注重孩子在人格、心理、思维、交往和社会情感能力等方面的全面塑造,表现为在运动、艺术、创造等素质教育方面的经济投入意愿提升。再加上信息技术、人工智能等新兴科技的驱动,近年来,校外机构中与素质教育相关的培训热度不断提升。

素质教育涵盖学生成长发展过程中的多个方面,对年轻一代的家长而言,刚需程度并

不亚于学科知识类的辅导和培训。但培训市场上素质教育领域细分的优质产品供给远远不够，且存在小企业、小机构、小品牌充斥市场，培训项目和活动高度同质化等问题。比如，与升学考试相关度较高的音乐、舞蹈、美术等艺术类，篮球、游泳、体能培训等体育类，目前是素质教育培训市场的主导方向，语言、阅读、科技、数理逻辑和思维训练类培训也颇受关注，击剑、高尔夫、马术等高端运动项目，以及儿童财商、情商培养等新型素养类项目越来越受到青睐。总体上看，素质教育类的培训产品供给，无论从教育理念、师资队伍、产品类型和业务模式都亟待进一步因应需求而更加体系化和规范化。

根据教育部发布的《2020 全国教育事业发展统计公报》数据计算，截至 2020 年，中国 3—15 岁在校学生总规模已超 2 亿人，3—6 岁学前教育、普通小学、初中在校生分别为 4 818. 26 万人、10,725. 35 万人、4,914.09 万人，成为中国素质教育最核心的目标群体；加之该年龄段学生的人数和分层结构、学习生活状况均较为稳定，素质教育培训行业未来拥有巨大的市场空间。

与此同时，职业教育及其相匹配的上下游产业也存在广阔的发展空间。2021 年 10 月 12 日，中共中央、国务院印发了《关于推动现代职业教育高质量发展的意见》（简称《意见》）。《意见》提出到 2025 年，职业教育类型特色更加鲜明，现代职业教育体系基本建成，技能型社会建设全面推进。办学格局更加优化，办学条件大幅改善，职业本科教育招生规模不低于高等职业教育招生规模的 10％，职业教育吸引力和培养质量显著提高。到 2035 年，职业教育整体水平进入世界前列，技能型社会基本建成。技术技能人才社会地位大幅提升，职业教育供给与经济社会发展需求高度匹配，在全面建设社会主义现代化国家中的作用显著增强。《意见》首次用明确的数字指标规定了未来几年职业本科的招生目标，并鼓励上市公司举办职业教育。

从近年来的系列政策趋势可以看出，职业教育已经被摆在了教育改革创新和经济社会发展中更加突出的地位，并从制度、产业、技术、人才等方面出台了多项国家配套支持措施。按照"十四五"期间的规划部署，围绕增强职业技术教育"适应性"和开展职业教育"提质扩容工程"两大重点，将会有一揽子的举措促进职业教育行业蓬勃发展，增强科技创新、社会资本等多种元素的参与程度。这一系列政策红利，为职业教育及其相匹配的上下游产业提供了广阔的发展空间。比如针对传统职业教育发展中长期存在的产教融合难问题，行业企业可以发挥其先天优势，进行职业教育相关领域的业务布局，通过开展深度的产教融合，培养更符合企业实践需求的高素质应用型和技术技能人才。

一方面是国家政策的引导推动，同时加上现代化进程中产业结构的调整和劳动力市场需求的改变，关于职业教育的内涵认知和社会认可将会逐步改善；尤其是随着高中多样化发展、普职分流延后、世界一流职业大学建成等痛点难点问题——破解、落地,传统的职业教育认可度不高的问题会得以彻底改观,职业教育的吸引力会得以真正提升。高质量的职业教育供给,加上现实中的强大需求,势必带来职业教育相关产业的巨大发展空间。根据百度发布的搜索流量大数据,2019—2020年间,会计、烘焙、IT编程等细分领域的职业教育在一、二线城市已趋成熟,三、四线城市机会增多;建筑工程、数控编程在二、三线城市发展态势较好,可见未来职业教育及培训的下沉市场潜力巨大。

四、从传统育人型态转向数字化、终身化、家庭化的人才培养模式

新冠疫情的爆发加速了线上教育行业的迅猛发展,过去受制于时空条件、资源限制、文化多样和诉求差异而难以想象的大规模在线学习方式,由于疫情而展现出巨大的现实可能和发展潜力。但从供给端来看,各级各类在线教育供给无一不面临着课程资源和师资队伍的双重缺口。2018年4月,教育部颁布《教育信息化2.0行动计划》,提出要推进新技术与教育教学的深度融合,实现从融合应用到创新发展阶段的转变,构建个性化的教育体系和泛在化的学习环境。政策导向下,精准的用户分析和个性化教学设计功能,日益成为教育人才培养模式差异化转型不可忽视的方向和趋势。

未来一方面是教育智能硬件行业拥有更加坚实的技术基础,包括学生平板、点读笔、早教机等传统设备品类未来预期增长稳定;而包括教育书写笔、智能音箱、陪伴机器人等在内的新型设备品类,则由于教育场景衍生更丰富而具有巨大的潜力。与此同时,相比于硬件,更重要的变化是各级各类线上教育资源与产品的个性化、多样化、便利化供给,在后疫情时代必将成为常态和持续的需求。甚至在以往看来较为依赖面对面交流的乐器弹奏、绘画、表演等艺术类学习,也因为疫情影响而使得隔屏指导成为可能。而且由于节约了交通和时间成本,同样受到家长和学生的青睐。因此,教育教学行为和方式的变化已然悄悄发生。未来随着学习场景不断打破物理空间界限,学习模式更加趋于多样化。长远看,发展线上线下融合教育产品与服务的供给,是实现优质教育资源大范围辐射共享和个性化获得的重要举措。但同时,未来的硬件产品需要能够覆盖更丰富更多样的教育场景才能拥有更强更优的竞争力。因此,教育硬件越来越需要与内容更为契合与融合。由此带来的启示是,市场可以利用政策契机,主动研发并寻求合作,建立多方联动机制,实现政府、社会、家庭、学校之间的教育数据资源融通,构建硬件、技术、产品、数据、服务多主体多维度驱动的智能教育生态。

此外,看似和"双减"并不直接相关,但另一个值得未来教育行业转型发展关注的是教育的终身化需求。与野蛮生长的义务教育学

科培训形成鲜明对照的,是长期被严重忽视的老龄人口的教育需求。"七普"数据显示,中国的老龄化呈现未富先老、加速老龄化、超大规模老龄人口三个特点。尤其当老龄化与劳动力行业结构变化同时叠加,制造业领域的劳动力结构性供需错配,劳动力的职业教育和岗位培训,以及庞大的老龄人口特殊的教育需求,值得未来的教育行业转型发展深入研判和回应。

家庭的教育需求和选择如何满足也是新的问题领域。据自媒体报道,双减政策后"住家教师"等"高端家政""高级保姆"产业兴起,"住家教师月薪两三万"话题甚至冲上热搜榜第一,阅读量超过2亿次,被认为是家政公司包装的新兴职业。对此,教育部在9月8日《关于坚决查处变相违规开展学科类校外培训问题的通知》早有表态,对"家政服务""住家教师""众筹私教"等7类隐形变异学科类校外培训"一经发现,坚决查处"。这表明,除了监管之外,家长的观念改变和家庭教育需求侧的治理仍需系统跟进。同时更需要思考的是,与其带着侥幸心理在灰色地带游走,不如从家长的教育能力提升和家庭的教育需求满足方面,寻找新的发展方向和增长空间。

五、从关注民生转向更加强调国计,因材施教人尽其才支撑国家创新战略

教育是最大的民生工程,关乎亿万人民的切身利益。从教育规模看,到2021年建党百年之际,全国各级各类学校在校生达到2.89亿人,占14亿人口总数的20.64%,我国已建成世界最大规模的教育体系。

同时,教育更是关乎民族复兴和国家强盛的国计。千秋基业,人才为本,习近平总书记反复强调:"国家的强盛,归根结底必须依靠人才""我们比历史上任何时期都更接近实现中华民族伟大复兴的宏伟目标,我们也比历史上任何时期都更加渴求人才"。而教育,是将人口资本转化为人力资源的主要途经,是应对全球人才竞争的基础布局,是实施创新驱动发展战略和建设创新型国家的重要基石。即创新发展靠人才,而人才的培养必须依靠教育。从各级各类教育发展速度和普及程度来看,我国学前教育从"幼有所育"到"幼有善育",毛入园率从建国初期0.4%提升到2021年的85.2%,幼儿园数和在园幼儿数,较之1950年分别增长了162倍和344倍;义务教育阶段,我国仅用15年就走过了西方国家近百年的普及之路,且普及程度达到世界高收入国家水平,2021年小学学龄儿童净入学率达到99.96%,初中毛入学率达到102.5%;高中阶段毛入学率也已高达91.2%;高等教育阶段毛入学率从建国初期的0.26%到如今的54.4%,在学人数总规模达4183万人。正是由于教育事业快速发展为国家战略和经济社会需求提供了有力的人才支撑和引领,习近平总书记在全国教育大会上将教育的战略地位首次提高到了国之大

计、党之大计的高度。

在百年变局的当下，我国既面临着千载难逢的历史机遇，又面临着差距拉大的严峻挑战。习近平总书记作出"人才是实现民族复兴、赢得国际竞争主动的战略资源"重要论断，并提出了"加快建设人才强国"的要求。党的十九届五中全会上，总书记再次部署要求深入实施人才强国战略，激发人才活力。目前中国教育已经全面进入了后普及时代，面临新的历史时期的全新人才需求，教育培养人的战略背景和时代使命必将发生深刻调整和响应。着眼点和发力处均在义务教育的"双减"政策，其未来影响必将逐步延伸至高中教育、高等教育等在内的各教育阶段随之变革，并将波及普通教育、职业教育、技术技能教育在内的各类型教育发生改变。比如说，"双减"政策之后普职分流问题和矛盾必将更加凸显和尖锐，而毛入学率已分别高达91.2％和54.4％的高中教育和大学教育，迫切需要从理论、战略和实践层面理清新的历史时期的目标定位与人才培养理路。

教育的价值在于培养人，即增值、赋能，让每个人的价值实现；而不是筛选、淘汰和分流，令一部分人感到失败和人生无望。即每个人通过接受教育，都能够各得其所、尽展其长。而教育，是将人口资本转化为人力资源的主要途径，是应对全球人才竞争的基础布局，是实施创新驱动发展战略和建设创新型国家的重要基石。

人人出彩的时代呼声，需要教育从"有学上"的起点公平，向以因材施教为基础、以个性发展为原则、以人尽其才为目标的高质量内涵公平转向和发展。在教育实现了机会平等、基本均衡发展的基础上，弱势人群和困难学生要有保障，拔尖人才、科技精英也要能够脱颖而出。早在2013年7月，在考察中国科学院时，习近平总书记就指出，"我国科技队伍规模是世界上最大的，主要问题是水平和结构，世界级科技大师缺乏，领军人才、尖子人才不足，工程技术人才培养与生产和创新实践脱节，人才政策需要完善，教育方面也需要进一步改革，以更好培养青少年的创新意识和能力"。与此同时，技术能手、能工巧匠也要有成才的通道，使各方面人才各得其所、尽展其长。

在这个意义上，"双减"之后的教育，需要从幼儿园到大学的各级各类教育，都从"培养什么人"的根本审思和时代回应中，将因材施教、人尽其才、人人出彩、人才辈出作为其最深层次的理论逻辑和最大共识。以促进人的全面、自由、个性化的发展为目的，不断创设和开辟新的教育形态、教育环境，以教育规律和人的发展规律为引导，实现对教育的理念、目标、方法、手段的全面梳理和本源回归。

调研与思考

1. "生计竞逐"语境下的教育焦虑和教育信念探察
——来自五大城市家长调研的分析和思考

董　辉　陈婕颖

提　要："生计竞逐"语境下，教育内卷和焦虑映射出家长教育观念中深层次的信念嬗变、重构与挣扎。 研究以"精英主义"（个人决定论）和"家长主义"（"父母决定论"）两种信念倾向为参照，通过对我国大都市家长的问卷调查和深度访谈，混合多种数据分析，展现了家长教育焦虑的新态势，呈现了其信念冲突、重构和迭代的新特征，分析了家长信念受个体、人际和环境因素影响的新证据，构想了缓解教育焦虑、更新家长信念、优化教育生态的新路径。

作　者：董辉，华东师范大学教育学部副教授，华东师范大学教育管理学系副主任

陈婕颖，华东师范大学教育学部硕士生

一、"生计竞逐"语境下的焦虑"源代码"

近二十年来，全球范围内的"教育竞争"逐渐成为备受关注的社会现象和时政议题。如果说，各国政府间的教育比拼是围绕国家全球竞争力优势的获取而展开，那么个体层面的教育竞逐就主要是指向家庭及其子女未来"生活机遇"的竞争。"生计竞逐"逻辑重构了教育的产品属性，作为私人"地位物品"（positional goods）的教育越发成为人们争夺"位置优势"的"利器"。然而，在全社会追求更优质教育进而达至"美好生活"的过程中，这种围绕"位置性物品"的教育争夺"表象并不美好"，其直接后果，就是日益加重且难以驱散的教育焦虑。[①] 尤其是在大城市地区，广大家长在要么"鸡娃"、要么"拼爹"的两难选择中踌躇摇摆，造成亲子关系的扭曲和家庭教育的异化，从寻常百姓到教育专家，似乎很少有人能够从这场"生计竞逐"的焦虑困局中全身而退。这样的现实困惑构成本研究选题的基本背景。

围绕"教育竞争"和"教育焦虑"的话题，国内外研究者已展开不少相关探讨。有的从

---

① 王蓉，田志磊. 迎接教育财政 3.0 时代[J]. 教育经济评论，2018，3(01)：26 - 46.

面上描述了广大家长的焦虑程度和影响因素①，还有研究从全球经济分化催生育儿方式转型②、社会"加速"对教育形态异化③以及更多从教育本身的积弊来寻求解释的论述④⑤。然而，教育焦虑不仅是一种个体心理层面的情绪体验，更是一种"社会建构"的现象和事实，带有鲜明的时代性、情境性和社会意识形态的烙印。由此观之，当前的家长教育焦虑现象乃是"嵌入"在一场社会文化和教育意识形态变迁的宏大过程中，这个过程集中表现为从推崇个人成就和命运改变的"精英主义"信念（meritocracy）（亦即相信个体可以在天赋潜能的基础上，通过个人勤奋努力的教育学习实现向上社会流动的"个体决定论"），逐渐向一个更加推崇依靠家庭投入、家庭参与和家长干预来帮助孩子实现相应成就和地位的"家长主义"信念（parentocracy）。换言之，家长的"财富"和"意志"逐渐取代个人的"天赋"和"努力"成为家长育儿的权威性价值导向，这一趋势在自三十年来的全球教育改革、特别是英美国家市场化的政策变革中分外明显⑥。尽管上述现象在我国的教育政策层面并未得以确认，但作为一个有着深厚"考选社会"文化基因的国家⑦，同时伴随近二十年极速的社会和教育转型，一种自下而上的"家长主义"趋势不断彰显⑧⑨⑩。作为一种文化信念体系的转变，对于家长教育观念和行动之影响不容忽视。

因此，在这样一个竞争激烈、焦虑泛滥的时代，进一步深入到家长的主观世界，去洞察他们对教育的属性和功能所持有的信念、情感、价值观，去考察他们看待教育问题和采取教育行动时的认知框架以及行为倾向，分析他们如何在"精英主义"传统和"家长主义"理念的交互影响下，建构出有关子女教育的实然"想象"，赋予其教育行动以特定的社会"意义"，这有助于我们打开教育焦虑在家长观念世界中如何运行的"黑箱"，解析焦虑情绪和内卷行为背后的"源代码"，进而探寻破解之道。

① 智课教育.中国家长教育焦虑指数调查报告[R/OL].（2018 - 09 - 16）[2018 - 09 - 18]. http://edu. sina. com. cn/zxx/2018-09-18/doc-ihkhfqns4070541. shtml.

② 马赛厄斯·德普克,法布里奇奥·齐利博蒂.爱、金钱和孩子:育儿经济学[M].吴娴,鲁敏儿,王永钦.译.上海:格致出版社,2019.

③ 刘云杉,林小英.教育的加速与异化:改革的误识与资本的力量[R/OL].[2021 - 05 - 12].

④ 杨小微.中国家长教育焦虑的问诊、探源与开方[J].人民论坛,2019(34):104 - 105.

⑤ 张国霖.家长的教育焦虑[J].基础教育,2016,13(06):1.

⑥ BROWN P, LAUDER H, HALSEY A, et al. The transformation of education and society:An introduction [J]. 1997.

⑦ 张行涛.必要的乌托邦:考选世界的社会学研究[M].北京:北京师范大学出版社,2003.

⑧ 卢乃桂,董辉.审视择校现象:全球脉络与本土境遇下的思索[J].教育发展研究,2009(20):1 - 6.

⑨ 杨可.母职的经纪人化——教育市场化背景下的母职变迁[J].妇女研究论丛,2018(02):79 - 90.

⑩ 金一虹,杨笛.教育"拼妈":"家长主义"的盛行与母职再造[J].南京社会科学,2015(02):61 - 67.

二、"精英主义"与"家长主义":家长教育信念的两种原型

"信念"(belief)是意识领域的一种上位概念。有学者将"信念"定义为对某一对象或者内容的强烈确信、坚定与执着,指出"信念"因"信"而异于"观念",反映着人们深层的价值肯定与认同。^① 在现有研究中,家长教育信念仍是一个相对模糊的概念,对孩子特定教育成就的期待往往被视为家长教育信念的表达,个人早期经历、个人情感与反思以及外部宏观环境等因素都对家长持有怎样的教育信念存在影响。^② 此外,家长教育信念受到家长所处文化的影响^③,家长的某些教育信念具有深厚的文化根源^④。尽管既有研究对家长教育信念、家庭社会经济地位和学生的学业表现之间的复杂关系多有探讨,但究竟如何对家长的教育信念进行概念化的表达和剖析,研究仍待深入。对此,本文借助教育社会学中两个尤为经典的概念即"精英主义"和"家长主义"来尝试对当前家长的教育信念形态进行刻画,并讨论其与家长教育焦虑之间的可能关联。

(一)"精英主义"的神话及其对社会分层的影响

"精英主义"的当代用法源自于英国社会学家迈克尔·扬(Michael Young)1958 年的讽刺作品《精英制度的崛起》(*The Rise of Meritocracy*)一书,他在书中提出了"精英 = 智力 + 努力"(merit = intelligence + effort)的著名构想,认为社会权力的分配应以个人才能与功绩为据。伴随现代社会的发展,精英主义在许多民主社会中已无孔不入,这也在公众中引起了广泛共鸣,现代社会在制度设计上支持高水平社会流动的精英主义意识形态成为公平社会的积极特征之一。^⑤ 新自由主义社会转型以来,精英的社会流动与社会正义紧密结合在一起,构筑起精英主义统治的"神话"。^⑥ 1975 年,撒切尔(Margaret Thatcher)在担任英国教育大臣时所提出的一个著名的建议更是生动诠释了这一论点,"让我们的孩子长高,并让有能力的孩子长得比别人更高"。这种高度选择性的关注"负责任的个人"的倾向,很可能会掩盖社会结构对

① 董祥宾. 信念及其程度[J]. 思想理论教育,2021(07):33-39.
② 罗梦园. 新手教师教育信念的危机与化解[J]. 教学与管理,2021(10):20-23.
③ 陈美姿,周丽端. 望子成龙女成凤? 教养信念在社经地位与家庭学习环境间的中介效果[J]. 教育心理学报,2020,52(2):365-88.
④ SEGINER R. Parents' Educational Involvement:A Developmental Ecology Perspective[J]. Parenting,2006,6(1):1-48.
⑤ ALLEN A. Michael Young's The Rise of the Meritocracy:A Philosophical Critique [J]. British Journal of Educational Studies,British Journal of Educational Studies,2011,59(4):367-382.
⑥ LITTLER J. Against meritocracy:Culture,power and myths of mobility[M]. Taylor & Francis,20.

一个人的决定、行动和表现的影响。① 当家长秉持"精英主义"信念时，也势必倾向于将孩子糟糕的学业表现归结于孩子的智商和努力不够，而不是源自家庭、学校和社会因素对孩子学业表现的潜在影响。

就我国而言，"精英主义"有着深厚的文化根基。"龙生龙，凤生凤，老鼠生的儿子会打洞"这一对中国人而言再耳熟能详不过的俗语，生动地投射出我国传统文化对先赋因素与个人发展之关系的认知。在科举考选文化下，"耕读传家""贤能主义"的观念更是深入人心，崇尚"读书的料"靠勤学苦读改变命运，正是"精英主义"个体决定论的真切写照。"精英主义"在当今世界特别是我国社会文化背景下仍然具有广泛而深厚的合法性，也成为窥探家长教育信念的一个有力的概念。

（二）"家长主义"的迷思及其对教育焦虑的激发

尽管"精英主义"是现代社会根基稳固的意识形态和信念符号，但在教育场域中却不是唯一。上世纪 90 年代以来，另一位英国社会学家菲利普·布朗（Philip Brown）在其《第三次"浪潮"：教育与家长主义的意识形态》②一文中指出，在市场化教育改革的影响下，一种新的社会意识形态也就是"家长主义"逐渐在教育政策和改革实践中获得合法性，它以更加市场化的思维和逻辑来审视家长与学校的关系，鼓吹家长的"教育消费者"角色，使得孩子所受到的教育和所能获得的教育成就越来越依赖于父母的财富、手段和愿望，而非仅仅是个人先赋性的能力和后天努力。

不少研究表明，近三十年来"家长主义"已成为重要且不可逆转的趋势，家长们或自发或被动地被卷入教育的每个流程，正在改变教育场域的结构，塑造新的教育情势③④⑤⑥⑦。秉持"家长主义"教育信念的家长最显著的行动表现，就是择校、课外补习以及家庭教养向密集型育儿方式的转变。家长以阶段化、指标化、计量化的方式，进行超前

① TRNKA S，TRUNDLE C. Competing Responsibilities：Moving Beyond Neoliberal Responsibilisation［J］. Anthropological Forum，Anthropological Forum，2014，24(2)：136 - 153.

② BROWN P. The 3rd Wave — Education and the Ideology of Parentocracy［J］. British Journal of Sociology of Education，1990，11(1)：65 - 85.

③ 张薇. 席卷全球的影子教育：校外培训的发展态势与治理模式［J］. 全球教育展望，2021，50(11)：72 - 84.

④ 刘腾龙. 家庭文化资本、"影子教育"与文化再生产——基于县城儿童和村庄儿童对照的视角［J］. 当代青年研究，2021(04)：53 - 59.

⑤ 吴宏超，黄雪倩. 城镇化背景下的迁移性择校问题寻解［J］. 教育发展研究 2019，39(Z2)：1 - 7. DOI：10. 14121/j. cnki. 1008-3855. 2019. z2. 003.

⑥ BREIDENSTEIN G，KRüGER J O，ROCH A. Parents as 'customers'？ The perspective of the 'providers' of school education. A case study from Germany［J］. Comparative Education，2020，56(3)：409 - 22.

⑦ CHMIELEWSKI A K. The Global Increase in the Socioeconomic Achievement Gap，1964 to 2015［J］. American Sociological Review，2019，84(3)：517 - 44.

教育与全天候的密集型教养①,便是这类家长的常态。在此之下,为人父母意味着要为孩子承担更多的经济、情感和教育责任,并为此承担相应的教育后果。②③ 但孩子的教育又是最无法预测且充满多样性的,这就加剧了家长对自身地位的维系和增进子女教育优势的焦虑。

当然,家长参与且深度参与孩子的教育毫无疑问是一件好事。有很多国家也已出台政策试图让家长参与变得制度化,以此推动家长和学校之间的关系正式化,进而也催生了管理孩子、家庭和教育的新模式。④ 但纵观国内"家长主义"的研究都较为集中在家校关系、家庭资本与子女学业成就等方面,很少有人会去问,当家长在或积极或被迫进行教育选择时他们到底在想什么,他们的想法又受到了哪些因素的影响。

鉴于此,本研究将同时结合"精英主义"和"家长主义"的理念对于家长教育信念进行更深一步的探究。课题组于2021年3—5月间,采用随机抽样问卷调查辅以访谈的方法,对上海、北京、深圳、成都、苏州五大都市义务教育阶段学生家长进行了调研,基于万余份问卷数据和30位家长的访谈资料,从更加微观和具体的视角深入分析研究问题。

三、生计竞逐下家长教育信念体系的扭合与交融

(一) 生计竞逐下的信念"悖论"

在大都市中,"生计竞逐"永远是正在进行时,家长为了给自己与孩子谋求更高质量的生活用尽了浑身解数,在这一过程中达成了某种共识:教育作为孩子成长与成功的基础,无疑是有用的。

问卷调查结果显示,93.00%的家长相信教育可以改变命运,82.23%的家长认同经过"合适"的教育,寒门依然可以出贵子。不同出身的家长对教育的作用有不同的看法。"关于'寒门再难出贵子',我也不知道,我没什么文化,只知道孩子好好学习将来还是会有出息的。"这位家长认为教育可以让孩子"有出息";还有一位职业是大学教师的母亲认为:"教育的目的是个人成长。希望孩子有体面的生活、精神上的自主。"两位家长看似对教育作用的理解不同,前者更加浅显的表达出教育的"功利化"作用,后者则触及到了教育"培养完人"的本质,但在追求"精神上的

① 耿羽. 莫比乌斯环:"鸡娃群"与教育焦虑[J]. 中国青年研究,2021(11):80-87. DOI:10. 19633/j. cnki. 11-2579/d. 2021.0167.

② VINCENT C. Including Parents? Education, Citizenship and Parental Agency. Inclusive Education [M]. ERIC, 2000.

③ BAUMAN Z. The individualized society [M]. John Wiley & Sons, 2013.

④ BLOCH M N, HOLMLUND K, MOQVIST I, et al. Governing Children, Families and Education: Restructuring the Welfare State [M]. Springer, 2003.

自主"同时也无法割舍教育可以给孩子带来"体面的生活"。可见家长们在"生计竞逐"环境下,对于"不读书、就出局"的基本信念是根深蒂固的。

与此同时,很多家长也表达了"读书无望"的无奈。特别是不断固化的社会结构也降低了他们对子女社会流动机会的预期。部分家长认为,教育是巩固孩子和家庭现有的社会地位的重要依托,是确保"不落后"的凭证。"虽然依靠教育向上层流动的通道变窄了,但是不接受教育,向下的渠道就会越来越宽。总之现在的教育,虽然没办法让我们大富大贵,但是能让我们的精神更加富足,保持自己的原有阶层。"可见,在回答教育能否帮助个人改变命运,帮助个人向上流动时,精英家长更倾向于相信通过教育帮助孩子稳住现有的阶层的现实意义。

(二) 生计竞逐下的信念"重构"

调查发现,持有"相信孩子的学习主要靠孩子自己的努力"这一精英主义价值导向的家长,与其自身的学历呈显著正相关(F = 4.317, p = 0.001)(表1)。具体对比差异可知,本科(985 或 211)以及研究生(985 或 211)的平均值明显高于其他群体。

表1 家长学历水平与精英主义价值导向的关系

分析项	家长学历水平	样本量	平均值	标准差	F	p
学习主要要靠孩子自己的努力,家长最多提供合适的环境	高中(中专、技校、职高)及以下	4 069	2.77	0.89	4.317	0.001**
	大专	3 316	2.75	0.84		
	本科(普通)	3 532	2.77	0.82		
	本科(985 或 211)	1 025	2.83	0.78		
	研究生(普通)	297	2.75	0.85		
	研究生(985 或 211)	759	2.89	0.78		
	总计	12 998	2.78	0.84		

进一步看,认同"孩子的学习不应该占用家长太多的时间和精力"的家长多为本科或者研究生就读于985、211 高校的群体。这部分家长大多是靠自己的天赋和努力以及学习实现改变命运的受益者。根据班杜拉的自我效能感理论,家长取得成功的先行因素(天赋、努力),影响着他们的育儿行为,他们在教育子女过程中表现出明显的"精英主义"倾向。而数据也显示,"精英主义"倾向在学历层面存在代际间的传递,祖辈学历越高,父辈的"精英主义"倾向也越高,同时,父辈学历越高,其自身"精英主义"倾向也越高。

但不容否认,家长信念的"精英主义"特征也并非那么纯粹单一,而是在一定程度上发生着重构。即家长一方面承认基于能力和功绩进行社会分化的合理性,同时也越发意识到自己的孩子想成为精英相比以前来说更加艰难，理解对于孩子来说，光是有天赋和努力是远远不够的。他们积极支持动用家庭资本倾注在孩子的培养上，并将教育竞逐从传统的学校"赛道"逐步扩展到了其他教育领域的"赛道"上。

但是不同于持"家长主义"观点的家长，持"精英主义"观点的家长在进行教育行为时还是会更多的遵从孩子的意愿，并且相信孩子的兴趣和天赋。如下面两位家长说到："所以在孩子小时候我会让她们尽可能地去尝试，但是到大了以后没有那么多时间了，有些方面就发现她兴趣不是很大或者说天赋也不高，我就会把这个兴趣班去掉。""我从小接受的环境是比较民主的，我妈妈也是学教育的。所以我希望给孩子一些自主权，希望给孩子一些选择的权利，我希望她的生命是她自己来掌握的，前途也好，其他也好都是自己来掌握的，她要知道自己想要什么，这一点特别重要。"

家长明显意识到精英"赛道"的多元化已成既定事实，但不论如何，孩子的兴趣、天赋、努力才是未来能否成为精英的决定因素。持有"精英主义"观点的家长也意识到让孩子成为精英，并不是仅仅依靠家庭的资本和上了多少的辅导班，更重要的是在给孩子提供适当平台，鼓励他们不断努力，激发自身潜能，并在他们取得成绩的时候给予一定的奖励。

（三）生计竞逐下的信念"迭代"

社会竞争泛化的背景下，家长不断确信，

家长在子女教育中的角色和作用不可或缺，尤其是育儿早期阶段，没有家长参与和助力的情况可能带来的教育风险或将无法承受。于是在"精英主义"信念的基础上，进一步增添"家长干预"的砝码，这成为当前家长教育信念的迭代升级版。

"家长主义"信念笃信家长决定论，主张由家长自己选择决定孩子要获得怎样的教育，而孩子的成长与发展跟父母的选择和财富之间的关联度不断加大。如这位家长所提到的："我赞同寒门再难出贵子……因为家庭贫困就表示你住的房子就便宜，它们对应的学区就是我们说的菜小和菜中，学习氛围、师资和生源都不行，孩子在那里学习肯定不行。"问卷调查结果显示，随着年家庭收入的上升，为孩子选择民办学校的家长越来越多（图1）。

此外，一个有趣的发现在于，我们构造的家长社会经济地位指数与"精英主义"信念显著正相关（r = 0.083，p<0.01），却与"家长主义"信念显著负相关（r = - 0.075，p<0.01，表2）。这或许意味着，高阶层家庭更倾向于相信自身精英地位的获得源于自身的天赋和努力，而低阶层家庭却更倾向于相信要想实现向上的社会流动、成为社会精英是离不开家长的介入和参与的。这既体现出学者桑德尔所谓的"精英的傲慢"倾向[1]，同时也意味着"家长主义"信念倾向于蔓延泛化的趋势。

---

[1] 迈克尔·桑德尔.精英的傲慢[M].曾纪茂.译.北京:中信出版社,2021.

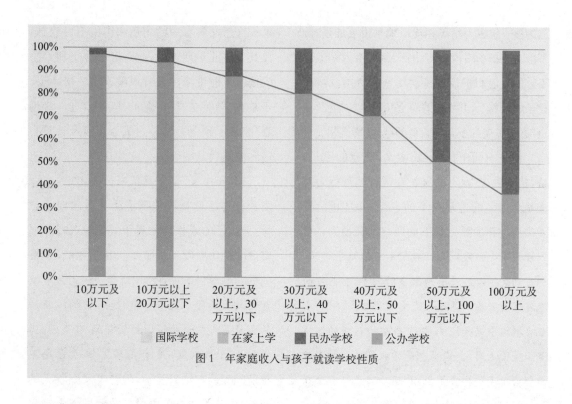

图 1　年家庭收入与孩子就读学校性质

表 2　SES 指数与信念得分

		SES 指数	精英主义信念得分	家长主义信念得分
SES 指数	皮尔逊相关性	1	.083 **	−.075 **
	Sig.（双尾）		.000	.000
精英主义信念得分	皮尔逊相关性	.083 **	1	.122 **
	Sig.（双尾）	.000		.000
家长主义信念得分	皮尔逊相关性	−.075 **	.122 **	1
	Sig.（双尾）	.000	.000	

** 在 0.01 级别（双尾）相关性显著

总之，在"家长—精英主义"的混合信念体系之下，家长掌握了育儿的主动权的同时也承担了育儿"投资"的责任与风险，在访谈中，家长在表示常常会去思考如何将孩子的教育投资最优化的同时也流露出对于孩子未来的不确定以及对于自己的高投资能否获得回报的不确定的焦虑。例如有家长在访谈中提到："因为目前孩子成绩较差，每年的课外辅导费用是一笔很大的支出，目前的课外班主要是语数英等学科的补习，但现在我急需把孩子的成绩提上去,所以也只能这么继续花下去。"

四、是什么影响了家长的教育信念

(一)童年影响童年:家庭资本的代际传递

家长们既是教育的"亲历者"又是"传递者"。本研究调研了祖辈教育背景与家长教育背景的关系,分析结果表明,祖辈的受教育水平与家长的受教育水平呈显著正相关($p<0.01$),即祖辈学历越高,父辈学历越高(表3)。

表3 祖辈与父辈受教育程度相关分析

		父辈受教育程度	祖辈受教育程度
父辈受教育程度	皮尔逊相关性	1	.345**
	Sig.(双尾)		0
祖辈受教育程度	皮尔逊相关性	.345**	1
	Sig.(双尾)	0	

** 在 0.01 级别(双尾)相关性显著

不同学历背景呈现了区隔性的育儿观念与育儿方式,祖辈影响父辈,父辈又会影响子女。祖辈的教育背景构建起父辈童年的区隔经历,他们形成了不同的童年想象,这会潜移默化地影响他们如何看待子女的童年,影响他们育儿的方式。祖辈与父辈的受教育水平低,父母所表现出来的教育信念更倾向于家长主义;祖辈与父辈的受教育水平高则显示出更多的精英主义倾向(图2、图3)。他们会将自己的成长经历加工并内化成特有的教育

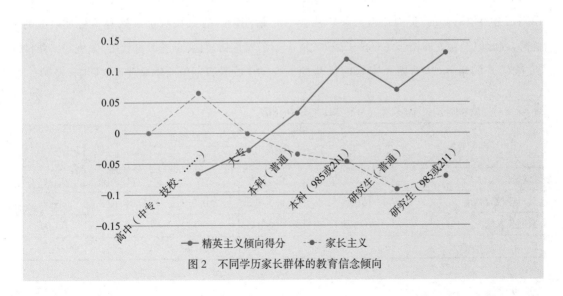

图2 不同学历家长群体的教育信念倾向

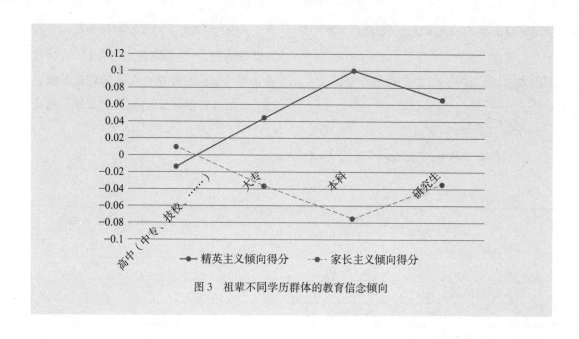

图 3　祖辈不同学历群体的教育信念倾向

信念,贯彻到对子女的教育行动中。

以受教育水平差异所体现出的育儿观念也更能够说明家长主义和精英主义在维护社会秩序上的功能。受教育水平高的优势群体更加倾向精英主义,因为他们本身是精英主义的受益者,认为自己的学历、工作和资源是由自己努力争取来的,努力让自己配享社会优势,因此他们会更加相信要对孩子采取"精英主义"式的培养,从而稳固家庭的优势地位。而受教育水平低的弱势群体更加倾向于"家长主义",虽然自己身处弱势阶层,但依旧认同市场竞争的价值,相信市场竞争的合理性以及家长的权威,而自身文化资本的缺乏,又会加剧子女在市场竞争中的弱势。区隔性的育儿观念潜移默化地实现了资本再生产。超过97％的家长对孩子抱有本科及以上的教育期待,且父母受教育程度、家庭经济条件对子女教育期望产生显著正向影响(表4)。

表4　父母受教育程度、家庭经济条件对子女教育期望的影响

预测变量	未标准化系数		标准误	标准化系数	t	P
	B			Beta		
(常量)	0.149***		0.010		112.603	0.000
父母受教育程度	0.084***		0.007	0.128	15.617	0.000
家庭收入情况	0.149***		0.010	0.172	11.662	0.000
F				398.626***		

续 表

预测变量	未标准化系数		标准误	标准化系数	t	P
	B			Beta		
R^2				0.069		
Adj-R^2				0.069		
共线性诊断 VIF				<10		

家长童年经历的内化潜移默化塑造了家长区隔化的育儿观念、育儿行动以及将教育作为"生计竞逐"的"利器"。教育不仅是子女的"生计竞逐",也是父母的"生计竞逐"。

(二) 关系影响关系:教育焦虑的圈层效应

家长并不是一座孤岛,家长始终生活在各式各样的生活圈层里,受到社会圈层的影响。家长在社会圈层中,特别是家长会、班级微信群中,被激发焦虑,放大焦虑,传播焦虑。通过圈层的传播效应,家长普遍感受到社会比较的压力。一方面,家长希望加入各种社会圈层,从而获得不断筛选与整合各种教育信息;另一方面,圈层激发、强化着家长的教育焦虑。

社会交往不仅影响着家长焦虑的程度,也影响家长焦虑的内容。由于在各种圈层的交往,家长接触到更大的外部世界,形成有关外部环境的感知,加剧了他们对竞争的认知和压力。家长对外部环境的焦虑远超于他们对自身所拥有资源的焦虑(图4)。比如,访谈中一位家长表示:"我和孩子爸爸时常会很焦虑,担心自己的孩子被别人落下了,像我孩子小升初的时候,我们花2万给孩子买一个考试的机会。"事实上,这位妈妈由于身边的家长普遍"鸡血",从而产生了"被落下"的恐慌。社会圈层让家长向外的感知远超过于向内的感知。

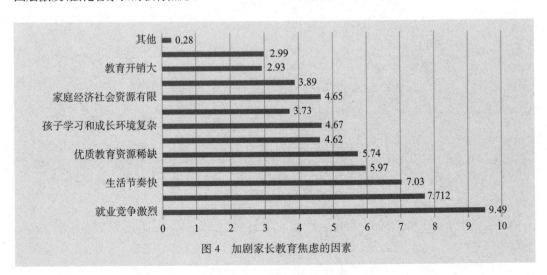

图4 加剧家长教育焦虑的因素

（三）变化影响变化：政策变革的不确定性

鲍尔等人认为很多国家进入到一种快政策（fast policy）时期[①]，快速变化的政策产生了巨大的不确定性。近年来中国的一些教育政策就体现出快政策的特征。虽然政策本意是促进教育公平，舒缓教育焦虑，但一些地方隔三岔五就有新动作，政策调整"出人意料"，这样做不仅不能有效舒缓家长的教育焦虑，反而会加剧他们的紧张和不安心理，导致新的教育焦虑产生。政策的变化产生了巨大的不确定性。家长的教育信念刚刚与之前的政策产生相依而生的教育信念，政策就发生了变化，这让家长无所适从。

调查显示，近六成家长认同"持续的教育改革让我对孩子的教育感到无所适从"的问题（图5）。访谈中，受访的家长们在谈及教育政策时也有感而发："政策对于我们择校来说还是有影响的。本来是想读民办的，但后来摇号了，万一摇不中就只能去菜小，所以我也没敢去摇号，就给她读了公办。"当面对形形色色的教育政策变革时，家长们想方设法应对，不断改变着自己的对策。家长们希望在这种的不确定性中抓住仅有的确定性，即成绩、名校、学历，只有这样的确定性能够为家长提供心安的保障，提供缓解焦虑的确定性良药。因此，教育成为"生计竞逐"的"利器"也是家长面对快政策所不得不做的应对策略，是教育公平政策的意外结果。

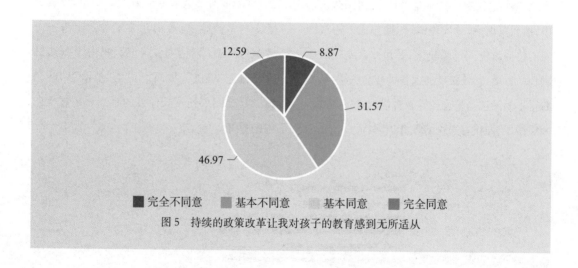

12.59　8.87　31.57　46.97

■ 完全不同意　■ 基本不同意　■ 基本同意　■ 完全同意

图5　持续的政策改革让我对孩子的教育感到无所适从

---

① BALL S J, JUNEMANN C, SANTORI D. Edu. net：Globalisation and education policy mobility［M］. Routledge, 2017.

五、结语和启示

在竞争泛化的环境下，家长的教育信念在教育期望与教育实践中呈现为"精英主义"与"家长主义"的冲撞与交融的局面。本文从三个层面展现都市家长教育信念的复杂构成：

首先直观上看，家长对于"教育改变命运"迷思的认同，以一种"直觉"的状态构成其教育信念的基本面；

其次进一步看，家长对教育促进社会流动的实然看法又是带有怀疑的，家长对于教育的功能、内容及其责任和角色的理性认知，充斥着诸多矛盾、冲突、调适、妥协和折衷，这在家长关于子女教育的社会认知、个人反思和行动策略的展开过程中表现出教育信念的复杂面；

最后本质上看，家长教育信念的内核越发表现为一种由传统"精英主义"和新兴的"家长主义"观念扭合而成的复合体。他们在骨子里认同能力本位的"精英主义"，但当这种理念面临越发明显的现实冲击和挑战时，他们在本能驱动和社会学习中又不断强化了"家长主义"的信念。这一方面令当前的家长很难保有某种"纯粹""统一"的教育信条，另一方面也令家长的教育信念很难以某种"坚定""固化"的状态存在，来自个体经验、人际互动和政策环境的不一致、不确定性因素的影响，也使得他们的教育信念呈现出某种社会学家鲍曼（Bauman）所言的"液态性"色彩。

在此次调研中，家长表面看似处于相对波澜不惊的理性状态，但实际的神态与微表情仍表现出对子女未来发展的不确定性所衍生的担忧与焦虑，其教育信念仍然经受着"精英主义"与"家长主义"的双重打磨。在个人经历、人际互动与制度政策的作用下，家长形成对于教育的功能的认知，同时围绕"精英主义"和"家长主义"这两大核心形成他们的教育信念，并投射于其教育期望，转化于其教育实践之中。

据此本文认为，以能力建设为中期规划目标，为家长形塑理性而审慎的教育信念"赋能"是当下及未来教育改革、治理和生态优化过程中，尤为重要的一个环节。在当前"双减"政策和《家庭教育促进法》正式生效的背景下，仍有几方面的工作值得深化：

一是在有条件有基础的高校增设"家庭教育"方向的专业硕士学位，培育专业的家庭教育指导人才。与此同时，国家建立并完善"家庭教育指导师"的专业认证，整体提升家庭教育人才队伍专业化建设水平。

二是政府在学校和社区增设专职的家庭教育咨询和辅导人员，探索建立教师、社工协同指导的家庭教育支持网络。以更为贴地的"工作坊"或"个别咨询"等形式针对家长和孩子的具体需求提供个性化帮扶，让家长自己意识到"我应该如何做"，协助解决家庭教育问题的同时让家长转变错误观念，学习应该如何正确地教育孩子。与此同时，通过多种手段积极支持家长和家长群体开展创新性育人的项目化探索，并在上述家长能力建设的激励机制上予以配套设计。

三是政府不断优化家庭教育课程和资源的供给。针对具有引导家长理性教育信念潜力的课程资源，加大投入和支持力度，推出一批高质量、专业化、具有科学性的家庭教育课程，鼓励政府—学校—企业多方合作，增加课程内容的科学性和权威性，拓宽其通过学校、社区和市场惠及广大家长的渠道，以驱逐市场中功利化"说教"、非营养"鸡汤"和非专业化的"课程"。

四是以生态优化为长期治理导向，为家庭和社会协同育人的良序生态"奠基"。这包括政府加大社会建设、孵化支持"家校社协同育人生态共创"的社会创新项目。设置政府主导且具有社会权威性的"家庭教育创新"和"家校共育创新"奖；推进学术研究成果的实践操作化；整合政府、学校、企业、基金会、公益组织等多方力量，聚合社会共育的积极能量，促进育人观念的协同转型和持续优化。媒体讲好人生成功的"新故事"、挖掘身边的家庭育人新榜样。媒体应有意识地引导社会大众对于以"占有""竞争"为特色的消费主义生活方式形成必要的警醒，消解并弱化把教育视为"生计竞逐"之信念的社会意识土壤，引导公众开展对于"可持续性生活方式"的理性反思。社会扭转人才选拔单一、功利化标准，研制并实施更为科学和精准的人才选聘标准，体现对于各级各类人才选聘多样性的考量，单位须向政府人社部门报备并定期向社会发布《人才聘用多样性》报告，单位用人标准的改革应构成其社会责任的一部分。

2. "双减"给教师带来的机遇、挑战和政策应对①

李廷洲 艾巧珍

提 要：教师是承担教书育人、促进学生德智体美劳全面发展的主体。"双减"政策目标能否实现，教师的角色至关重要。"双减"政策给教师提出了系列挑战：课堂教学质量急需提升；教学评价水平亟待提高；调查研究和舆论普遍认为"双减"给教师造成更多负担。"双减"也给教师带来了新的发展机遇，有利于提高教师的社会地位、改善教师的经济待遇，有利于扩展资源、优化教师教育教学环境。"双减"政策的全面实施需要政策迭代以及学校管理水平、教师教学能力的提升。
作 者：李廷洲，华东师范大学国家教育宏观政策研究院副研究员
　　　　艾巧珍，北京教育科学研究院助理研究员

"双减"是党中央站在"两个一百年"的历史交汇点上做出的重大战略决策，既是新时期贯穿新理念的一项长期的政治使命，也是一项艰巨的现实任务。教师是承担教书育人、促进学生德智体美劳全面发展的专业人员，"双减"政策能否真正落地，能否真正取得成效，教师发挥着关键作用。

一、"双减"给教师带来系列挑战

"双减"文件明确要求，要强化学校育人主阵地作用，整体提升学校教育教学质量，减轻学生过重课业负担，确保学生在校内学足学好，提升学校课后服务水平，这给教师带来了系列挑战。

（一）课堂教学质量急需提升

"双减"减掉了学生、家长的负担，背后指向的是学校教育的"提质增效"，只有学校教育做到让学生在校内"吃得饱""吃得好"，才能满足家长、学生的个性化和多样性要求，促使"双减"有效落地。"双减"文件明确指出，"学校要严格实行零起点教学"，并要求"分类明确作业总量，确保小学一、二年级不布置家庭书面作业，可在校内适当安排巩固练习；小

---

① 本文在发表于《天津师范大学学报》2021第6期的《"双减"背景下教师队伍的新挑战、新机遇与新趋势》一文基础上修改而成.

学三至六年级书面作业平均完成时间不超过60分钟,初中书面作业平均完成时间不超过90分钟"。学生课外学得少了,课后作业时间也少了,意味着教师在课堂内要将新授内容与练习时间融为一体,才能达到"轻负高效",实现高质量的课堂教学。同时,家长对"学足""学好"的标准各有差异,给教师分层教学、因材施教、提升课堂教学效率等方面都提出了更高的要求。

(二)教学评价水平亟待提高

作业是重要的学生评价工具,是学生锻炼独立学习能力,理解、内化课堂知识的重要工具。做作业的过程,是学生从教师指导下的课堂教学向没有教师指导的自主学习过渡的过程,需要学校和教师给予充分重视。改革以前,作业占据了学生大量的时间,甚至不亚于课堂学习的总时间。"双减"政策下,学校作业改革将面临重大挑战。"双减"文件明确要求,全面减压学生作业总量和时长。学校要完善作业管理办法,加强学科组、年级组作业统筹,合理调控作业结构,确保难度不超国家课标。因此,改革对教师的作业设计能力提出了巨大挑战。同时,"双减"文件指出"不得有提前结课备考、违规统考、考题超标、考试排名等行为",要求一、二年级学生不得进行书面考试,进而对教师如何准确了解学情、合理地安排教学进度提出了新的要求。

(三)多项调查显示"双减"给教师带来负担

关于"双减"对教师带来的影响,已有多项研究开展了相关调查,其中有三个产生了较大影响。一是新教育研究院院长、全国优秀教师李镇西领衔开展的调查,收集到有效的样本数据总数为6653份,覆盖了全国31个省市自治区。[①] 二是《中国教育报》面向9443名教师做的调查。[②] 三是明师国际教育研究院面向3000多名英语教师开展的问卷调查。[③] 主要结论如下。

第一,"双减"给教师工作、生活带来很大影响。高达91.54%的教师认为,学校落实"双减",增加了教师负担。具体而言,从工作量变化的角度来看,觉得工作量增加的占比为83.93%,工作量未发生改变的占比12.93%,工作量减少的占比仅为3.14%。72.37%的教师认为课后服务使得学生在校时间变长,安全责任更重。从工作时间的角度来看,觉得工作时间延长的占比为84.91%,工作时间不变的占比12.35%,工作时间缩短的占比为2.74%。这一问题与上一问题的反馈几乎一致。从"双减"对教师生活影响的角度看,82.92%的教师认为"双减"政策使得"工作时间延长,影响个人生活";79.49%的教师认为课后服务导致工作量加大,影响了身心健康;77.30%的教师认为"工作压力增大,职业幸福感降低"。从学生管理难度来

---

① 李镇西,王丹凤."双减"背景下,中小学教师负担变化的调查结果及其分析[J].当代教育家,2021(12).
② 林焕新."双减"之下,教师面临哪些新挑战? 如何应对? [N].中国教育报,2021-12-11(02).
③ 明师国际教育研究院."双减"之下的一线英语教师[R].北京:明师国际教育研究院,2021,9,20.

看,觉得学生管理更加繁琐的占比为 90.91%,觉得并未变得更繁琐的占比为 8.66%,其他选择占比 0.43%。从作业研究的角度看,73.31% 的教师认为,"学科组没有太多时间加强作业研究,布置的作业质量有待提升"。

第二,语数外学科教师是课后服务的主要群体。调查显示,95% 的教师参与了课后服务,[①] 其中语文、数学、英语等学科教师占比高达 56.53%;物理、化学、生物、科学等教师占比为 18.97%;地理、历史、道德与法治等教师占比为 14.93%,音体美信等综合学科教师占比为 13.27%。由此可见语数外学科老师还是承担课后服务的主力军。[②]

第三,"双减"后教师评价制度未同步完善。选择"教师评优评先考核无变化"的教师占

比 90.86%;选择"教师晋升标准无变化"的教师占比 95.22%。由此可知,全国各地的评价制度并未随着"双减"政策的出台及时作出调整。

第四,"双减"后学校各项评比检查有增无减。调查显示,认为各项评比检查有增无减者占比为 76.28%,没有太大变化占比为 22.10%。各项检查都有减少的占比为 1.62%。各类评比检查最终都成为学校和教师的负担,给教师的工作和生活带来更大影响。

(四)多个自媒体认为"双减"给教师造成更多负担

在微博、微信公众号等公共平台,多个自媒体表达了"双减"给教师带来负担相关的观点,引起广泛关注和讨论,详见表 1(数据截至 2021 年 12 月 12 日)。

表1 自媒体上关于"双减"的观点

时间	主题	核心观点	阅读量
9 月 20 日	"双减"之下的一线英语教师	"双减"延长了教师工作时间,加重了工作责任,影响了教师身心健康和家庭生活。	7 800
9 月 20 日	老师的负担不减,难有"双减"!	"双减"中学生与家庭所减掉的"负",完全加诸学校和老师。如果老师们不堪重负,"双减"很难收到预期效果。	6 990
10 月 3 日	"双减"要想成功,首先要给教师减负!	"一刀切"式的课后服务、难以落实的"弹性上下班"让老师们疲惫不堪。	2.6 万
10 月 8 日	"双减"一个月,教师有话要说	教师工作时间增加,非教学性负担加重。	9 万
10 月 13 日	双减 3 个月后,老师"疯"了	学生和家长们减轻的负担,转移到老师身上来了,弹性上下班很难落实,部分教师每天在校工作 12 小时。	9 201

---

① 林焕新."双减"之下,教师面临哪些新挑战? 如何应对?[N]. 中国教育报,2021 - 12 - 11(02).
② 明师国际教育研究院"双减"之下的一线英语教师[R]. 北京:明师国际教育研究院,2021,9,20.

时间	主题	核心观点	阅读量
10 月 26 日	"双减"要有长效,千难万难别忘了给教师减负	"双减"给教师带来大量非教学负担,加重教师疲惫感。	1 万
11 月 11 日	"双减"之下,请把时间、尊严和幸福感还给老师!	"双减"带来大量检查、评比工作,课后服务延长了教师工作时间,降低了教师职业尊严和幸福感。	1.8 万
11 月 16 日	双减 3 个月后:老师累,家长苦,机构卖衣服	双减延长了教师工作时间,影响了家庭生活。	2.1 万
12 月 3 日	"双减"政策背景下,中小学教师负担变化的调查结果及其分析	"双减"热带来了教师困惑、困乏、困难,教师负担大大增加。	9.7 万
12 月 6 日	"双减"中,绝不能让"作业设计"成为教师的负担	如果教师没有减除负担,总是增加负担,则可能以更为隐蔽的方式转嫁负担。	2.1 万
12 月 8 日	工作时间延长、压力增大!"双减"背景下教师负担的"底牌"有哪些?	"双减"要取得实效,真正达到提质增效的目的,教师减负需与学生减负同向而行。	3589

二、"双减"是加强教师队伍建设的重要机遇

"双减"政策自颁布以来,受到了社会各界的高度关注。作为"双减"政策的关键执行主体和推动者,教师也迎来了新的发展机遇。

有利于提高教师的社会地位。尊师重教是中华民族的优秀传统。党的十八大以来,习近平总书记始终牵挂着教师。近年来,学校教育和教师的社会地位受到"影子教育"的严重冲击。"双减"文件要求,坚持从严治理,全面规范校外培训行为。学生回归学校,大量缩减了校外的补课和超前学习,一方面,促使学生的精力更加集中在学校,集中在课堂,促进师生间、家校间的交往更加深入和频繁。

另一方面,校外机构的治理也能缓解家长的教育焦虑,促使家长更加理性地预期孩子的成长,寻求与教师形成教育合力。从而有利于构建良好的教育生态,重振师道尊严,进一步提高教师的社会地位。

有利于改善教师的经济待遇。教师是一个需要付出大量时间、精力的职业,也是一个非常需要奉献精神的职业。近年来,学校教师待遇逐步提高,但相对教师群体的受教育水平和社会责任而言仍有差距。"双减"文件提出,对于参与课后服务的教师要给予经费补助,并且"教师参加课后服务的表现应作为职称评聘、表彰奖励和绩效工资分配的重要参考"。同时,"双减"后将实施教师流动制度,并配套绩效工资和待遇上的政策倾斜。这些举措多管齐下,将有利于增加教师的工

资待遇,提高收入水平,从而为教师安心从教、潜心育人创造更为坚实的经济基础。

有利于扩展资源、优化教师教育教学环境。"双减"文件指出,"课后服务一般由本校教师承担,也可聘请退休教师、具备资质的社会专业人员或志愿者提供"。同时指出:"做强做优免费线上学习服务。利用国家和各地教育教学资源平台以及优质学校网络平台,免费向学生提供高质量专题教育资源和覆盖各年级各学科的学习资源。""适当引进非学科类校外培训机构参与课后服务。"这就意味着学校在人员和资源方面都有更大的空间和力度从校外引入,为学校教育教学注入新的元素和活力。这能够为教师带来新的理念、方法、技术以及工具等,有利于教师发挥创造性,实现高质量的教育教学。

三、推进"双减"需要政策迭代以及学校管理水平、教师教学能力的提升

"双减"政策的全面实施无疑给政府、学校和教师带来巨大挑战,迫切需要政策迭代以及学校管理水平、教师教学能力的提升。

第一,深刻认识"双减"的重大战略意义。"双减"是党中央站在中华民族伟大复兴的战略高度做出的重大部署,是党代表最广大人民根本利益的深刻体现。"双减"政策对于从

根本上促进教育公平、确保优质教育资源面向最广大人民而非部分群体、确保教育的公益属性具有重大意义。广大教师要自觉将思想认识与实际行动与党中央相统一,提高政治站位,理解政策的内在逻辑与重要内涵。提高自身的判断能力,增强改革的定力,更好地在教育教学实践中运用创新的理念开展工作,创造新的经验、方法和教育教学模式。

第二,提高教师待遇,为教师超额的劳动提供经济补偿。学生"减负"的前提是教师的"增负"。为了更好地激励教师,北京市已经率先采取行动。根据其发布的开放辅导计划,教师完成辅导后可以获得学生支付的积分。以一对一辅导为例,每位教师一小时辅导工作量在 12—16 个积分之间,其中包括 6 个积分的辅导时长激励和 6—10 个积分的辅导绩效。按照每个积分 10 元计算辅导劳务费,每名教师每学期绩效的积分上限为 5 000 分,即每名教师每学期最多可获得 5 万元激励。[①] 福建省晋江市在推进"双减"过程中,针对课后服务全面开展后教师工作时间延长和压力增加的问题,坚决实行"教师弹性上下班"制度,为教师解决餐饮问题、午休问题和子女看护问题,为教师解决后顾之忧。[②] 这些举措具有重要的政策价值。

第三,广泛引入社会力量参与课后服务。新教育研究院院长、成都市武侯实验中学原

---

① 王峰. 北京官方补课教师每学期多挣 5 万元:能否抚平"双减"之下教师工作压力? [N]. 21 世纪经济报道,2021 - 12 - 07(003).

② 福建省教育厅办公室. 关于推广第一批落实"双减"工作典型案例的通知[Z]. 福建省教育厅,2021,12,1.

校长李镇西认为,课后服务主要是安排学生完成作业、自主阅读、体育、艺术、科普活动、劳动实践,以及娱乐游戏、拓展训练、开展社团及兴趣小组活动、观看适宜儿童的影片等。这些不应该仅仅由学校承担、让老师完成,而是可以与社会资源合作,包括高校、培训机构、图书馆、少年宫、美术馆等等。如淮南市部分学校率先与第三方服务平台(如北京学知非等)合作,共同开发校内课后服务课程管理平台,在此基础上实现社会力量参与学校课后服务的课程安排、师资管理、学生管理、收费管理、课后服务评价与反馈等功能,为学校课后服务赋能增效,让教师从繁琐的课后服务中解放出来,专心从事专业工作。

第四,构建教师负担管理信息系统。教育部教育发展研究中心首席专家、研究员王晓燕认为,"双减"要取得实效,真正达到提质增效的目的,教师减负需与学生减负同向而行。日本、英国、俄罗斯等一些国家为减轻教师负担,都建立或委托专门机构进行系统监测,从调查监测教师工作负担,到明确减负重点,再到减负策略的研究和推行,都有细化配套的管理制度和管控举措。进一步落实"双减"政策,需要通过科学的抽样调查,对教师负担来源形成更清晰的认识,对减负成效和改革方向作出更准确的判断。[①]

第五,提高教师评价素养,增强作业设计和管理能力。基于课程目标进行系统性作业设计,避免重复性、机械性的练习,注重作业类型多样化。规避刷题式的作业模式,降低作业总量,提高作业的训练效果。针对学生的差异性,设计不同类型的作业,实现教学、作业和评价的一体化。依托信息技术平台确保学校作业数量可控、作业品质有保障,逐步完善科学有效的校本作业体系。为学生提供必要的方法,让作业成为提升学生自主学习能力的工具。如山东省潍坊市建立了作业管理长效工作机制,研制了《作业设计十项原则》《优秀作业十项标准》《作业评改十条策略》等文件,对作业管理提出明确要求。将作业设计与实施纳入教师全员培训、常态学科教研范畴,充分发挥"名师工作室"平台作用,以学科教研组为基本单位,加强各学科作业研讨力度,重点研究作业的育人功能、数量控制和科学设计等,提升教师作业设计水平。立足"基于课程标准的教学改进行动",实施市、县、校、师四位一体资源共享,整合各校优秀作业设计资源,建立作业资源库,利用教育云平台设置作业资源共享平台,实现全市优质作业资源共享。[②]

第六,完善教师评价标准和评价方式。南京大学教育研究院副院长、教授操太圣认为,完善教师评价政策是推进"双减"的重要保障。"双减"政策明确规定全面压减作业总

---

① 王晓燕.精准减负要摸清教师负担"底牌"[N].中国教育报,2021-12-02(02).

② 教育部.学校落实"双减"典型案例[EB/OL].[2021-09-18/2021-12-14] http://www.moe.gov.cn/srcsite/A06/s3321/202109/t20210926_567037.html

82　教育家观察

量和时长,这就要求教师提高作业设计质量、加强作业完成指导。相应地,作业设计和指导能力应该成为教师评价的重要内容,以此引导教师专业成长。学校在评价教师时,应将个体评价与团体(学科组、年级组)评价结合起来,并表彰和激励那些能够很好地联结"基础性作业"与"个性化作业"的个人和集体,从而引导学校整体性提高作业管理的质量。①

---

① 操太圣.教师评价是推进"双减"的重要保障[J].教育家,2021(35):9.

区域行动

1. "轻负担、高质量"的静安追求

陈宇卿

提　要: 上海市静安区围绕促进学生健康成长的"轻负担、高质量"教育改革,已经进行了长达半个多世纪的探索。 减负增效在静安不是一所学校或几所学校的个别或局部探索,而是全区学校的整体追求和全体教师的共同信念和行动。 遵循"顶层设计,构建框架"引领联动方向,聚焦增强学生的愉悦体验、提高教育针对性、拓展学生成长空间三个关键要素,静安将其作为"轻负高质"的区域教育研究实验假设。

作　者: 陈宇卿,上海市静安区教育局局长

《关于进一步减轻义务教育阶段学生作业负担和校外培训负担的意见》要求学校"全面压减作业总量和时长,减轻学生过重作业负担",通过丰富的课后服务满足学生多样化的需求。这是党中央站在实现中华民族伟大复兴的战略高度做出的重要决策部署,彰显了党和国家提振学校教育、促进学生全面发展的决心。"双减"政策的实施对教育改革和实践提出了新要求,也需要区域层面更积极地统筹规划,回应和落实。

一、静安区的教育现实与挑战

先于"双减"政策,上海市静安区教育局早在 2019 年 3 月就已颁发《关于进一步做好小学生校内课后服务工作的通知》,设立年度

常规专项经费,构建整体设计、专项实施、协同管理、责任分担的长效运行机制;实现 100% 的校区全覆盖、确有意愿留校学生全覆盖;要求学校做到"家长知晓百分百""校区开放百分百""学生愿留尽留百分百";加大宣传建立家长弹性预约、学生自主选择的服务方式。静安具有创新性、前瞻性的课后服务制度设计彰显了改革的温度,得到中央和国家领导的重视,2021 年 6 月被教育部确定为全国首批 23 个义务教育课后服务典型案例单位之一。九年一贯制的静安区教育学院附属学校将学生睡眠时间、作业时间纳入学生态度和习惯的评价跟踪监控;建立校本学生作业量和成绩的常模带(合理的浮动范围),通过信息技术平台将小学生的学习情况反馈给教师,以便及时教育教学调整;将初中生的学

习情况反馈给学生本人，以便及时自主改进提升，减轻教师压力和过度干预，一系列卓有成效的做法受到了国家高层领导的批示。

在对实践的调研中，我们发现，"双减"是一次大考，很大程度反映了学校一直以来教改落实的质量。对于那些根据教育教学改革要求已积极探索作业减负、个性化教学、丰富活动设计的学校，水到渠成，较少感受到新政的压力，反而在利用这个契机，将有效的做法规范梳理，积极推广。当然，更多学校还处于摸石子过河的阶段。为此，学校教育的各方利益相关者必然经受难处与痛点：

对教师而言，校外培训长期以来的黑箱效应使得教师无法从学生的学习结果中信息对称地评估自己课堂教学的实效；"双减"新政后，教师必然会直面学生真实的学业发展的速度和程度落差，教师需要重塑专业价值与自信，提升课程领导力，满足学生个性化的学习需求。

对学校管理者而言，面临一系列挑战，包括有效赋能教师专业发展，优化管理规程和育人方式，科学运用领导力、协调资源配置调动教师投入教育改革的积极性。

对于学生和家长而言，考试、升学是终将面临的矛盾与焦虑；对于深受儒家文化影响的很多中国家庭，孩子教育被看作是一场不遗余力维持和提升阶层地位的人生保卫战，接受优质的教育、学有所成是一个不容退让和谈判的前提。当前学生综合素养的科学评价体系尚需完善、考试制度没有根本变革前，

学校教育一定会受到来自社会更加严苛的审视，家校之间需要更多的沟通、互相理解与合作。

二、"轻负担、高质量"的静安行动

事实上，对于旨在促进学生健康成长的"轻负担、高质量"教育，上海市静安区几代教育界同仁已经进行了长达半个多世纪的探索。

(一) 静安追求"轻负高质"的教育传统

1958 年，段力佩先生任新成区静安区副区长分管教育，担任静安区教师进修学院院长，兼育才中学校长。段老对埋头在作业本大山中的教师，忙于功课无暇去操场活动的学生，深感痛心，认为实践偏离了教育的方针。他亲自抓改革落实，试点了让学生课前自学，课上 10 分钟根据学生实际情况讲述新课内容，然后让学生自由讨论，教师对不易理解的地方进行启发引导，下课前 20 分钟完成课堂练习。经过一段时间，实验班的语数英平均成绩超过其他班，而且学习负担也减轻了。用现在的教育理念来阐释：关注学情分析因材施教，着眼于学生新旧知识联系，促进学生知识体系的自我构建。这就是后来推广至全国的著名的"茶馆式"教学。

在前辈栉风沐雨、披荆斩棘打下的教育科研基础，以及充满人文关怀、学生利益关照的区域氛围之上，1996 年，静安区教育局决定统一领导研究解决区域教育面临的"应试

教育"盛行问题，更好地回应国家当时的"科教兴国"战略。由此确立了静安区承担的第一个重大课题——"九五"规划教育部重点课题"发达地区实施素质教育的行动研究"，这项课题也是当时教育部开展区域教育研究机构立项高水平课题的试点，静安区将分散于各校的有效教育经验集中开展科学探索和推广；率先取消了小升初考试，实行小学生免试对口升入初中，通过义务教育结构调整为学生发展创设更为宽松的环境。

基于"十五"教育部重点课题"地区教育研究、培训机构推进学校课程教学改革的实践研究"，区域进一步探索了学生整体学习效益最高年龄阶段的学科"最佳发展期"，以及学生个体差异、动态的"最近发展区"。研究形成了系统的建议：教师应关注学生原有的知识、能力、兴趣基础，变革指导的途径和方法，扩大和提升"最近发展区"的范围和潜在质量。

（二）"轻负高质"整体推进的实践探索

2007年静安区全区小学三年级学生、初中八年级学生参加了全国"学业质量分析、反馈、指导项目组"的能力和学习状态测试。结果显示，静安学生处于上海市前列，上海市学生在全国处于前列；但也警示，静安学生感到学业负担重的人数比例相对高。综合国内外教育比较研究发现，教学内容超纲、课业负担超量、学习时间超长是教育现代化过程中普遍存在的一个真实问题，特别在经济发达的国家和地区，公众对公共教育满意度低，校外培训比率更高。我们坚信，学生持续、全面发展首要的是良好的学习和生活质量，"它是学生成长中的1，而不是后面的0"。由此，"十一五"教育部重点课题"提高中小学生学业效能的实证研究"，开启了静安区教育追求"高位均衡""减负增效"的破冰之旅。

① 研究的合力推进方略

减负增效不是一所学校或几所学校的个别或局部探索，而是全区学校的整体追求和全体教师的共同信念和行动。研究中区域遵循了"顶层设计，构建框架"引领联动方向：在试点探索基础上归纳经验，顶层设计确立研究假设，任务分解，聚焦三个关键要素，即增强学生的愉悦体验、提高教育针对性、拓展学生成长空间，作为区域"轻负高质"教育研究的实验假设。

地区教育行政、教育业务和基层学校"三驾马车"凝成区域研究合力，落实核心突破：

中小学校是学业效能提升的主体，从课程设置、学科教学、队伍建设等各层面和各角度开展学业效能提升的行动研究。

区教育学院作为教师培训机构负责课题的指导、过程监控与专业支持，对学业效能提升背景下的地区研修机构功能与服务开展研究。

区教育局负责课题的经费、设施、政策等方面一系列的保障，对学业效能提升背景下的行政部门功能、政策制定、督评等开展研究。

各相关单位或部门通过自荐和推荐的方式选定子课题，总课题组对各单位子课题的选题进行协商与指导。

② 区域变革风险评估机制

案例 某所学校为了规避个别教师利用午间休息时间为学生"加码",推出一项规定午间学生一律不准进行书面作业的"减负"举措。不料,这所学校大多数的师生都习惯了利用午间订正前一天的作业。这项措施一下来后,就遭到了教师们广泛的、暗地里的抵制,非但没有取得预期效果,反而负面影响了学校领导与师生间的凝聚力。

后来,区域介入研究发现,问题出在该项校本变革忽视了作为受众的广大教师不了解这个新规定的意义在哪里,也不清楚这项措施于学生、于自己改变的价值在哪里;他们只看到了冷冰冰的规定,甚至误解为是学校领导迎合区域改革标新立异的噱头。在这样的情况下,举措是落实不了的,也不可能得到教师们对于举措完善的建议。如果政策执行时不加以专业宣传,硬着头皮强行要求做的话,就会出现"上有政策下有对策"的尴尬局面。整个实验的认同和氛围没有形成,研究条件已经改变,结果数据的因果关系不再成立,还有可能让教育改革沦为"数据谎言"的危险。

当时的区域总课题组强烈意识到"轻负担、高质量"的改革会让教育内部暗潮涌动,与各方高利害关系发生冲突。为此,区域探索建立了改革的风险评估和控制体系,从"普适性"和"针对性"两维视角对学校实施监测,保持上下及时互动,真正做到陪伴实践研究。

最终,区域形成了供学校自主使用的改革风险自我评估清单(参见表1),确立了"减少无效、低效改革"的控制风险基本原则及一些策略:(1)长鸣"小洞不补、大洞吃苦"的警钟;(2)发现问题尽可能系统设计,彻底解决;(3)注重时间效率,快速响应,一步到位;(4)关注实践者与公众的接受度和认知改变过程,宣传输出正确的教育价值观。

表1 教育变革风险自我评估视角清单

变革初期	• 对变革理念和实践关系的把握——是否存在偏重理念,实践假设和验证环节缺失的情况? • 对变革试点规模的把握——是否盲目制定试点范围、扩张试点规模? • 对变革宣传的把握——是否恰如其分? 是否追求哗众取宠? 是否忽略社会认知基础? 是否会带来负面影响? • 师资培训和教师支持系统方面的工作——变革实施前对教师有无关于变革的系统培训? • 社会认可度方面的工作——家长、社区、非变革地区同行、上级教育行政和业务部门对变革的理解度、支持度如何?
变革中期	• 变革实践领导者(校长)对变革的认知、态度、影响——校长的业务能力、质量管理能力、人事管理能力以及个人的职业规划与回报预期均可能影响变革。 • 师资培训和教师支持系统方面的工作——变革实施过程中有无对教师提供支持系统? • 变革项目管理方面的工作——对学校及教师变革工作有无督察制度? 有无规范档案? • 质量管理方面的工作——针对变革对教育教学质量的影响有无评估和比较? • 区域性教育变革的保障——上级部门的制度保障如何? 学校间有无不良竞争? • 社会认可度方面的工作——有无邀请校外合作者、家长的参与和配合? 社会的相关认可度有无提升?

变革后期	● 试点成果获取的真实性——是否有真正的实践假设的过程？成果是否真实？ ● 对变革试点成果推广的把握——进度、范围是否盲目扩大？在推广方式上是否充分考量经验移植中的种种变数而避免简单化的经验迁移？

3 核心实践操作路径

区域在围绕课程、教学、教师、学生四方面开展深入探索，取得如下成效。

（1）课程优化：充分利用区域资源与优势，开发了多样化的区域课程，如"做中学"课程、N项活动课程、社会性和情绪能力课程等；充分尊重学校的自主性，鼓励学校发展特色课程，关注课程的选择性、特色性和均衡性。

（2）教学增值：从教学基本环节入手，开展全区性的课堂增值行动。所谓增值指通过教师教学环节的优化和教学行为的提升使课堂教学超过常态下的预期效果。通过开展三维目标细化、课堂教学技能技巧的提升，推进作业设计、管理和评价改进等实践，实现学生学习动机增值、学习方法增值、知识能力增值和学习价值增值。在对学生知识能力增值检测时，不仅看总体，还要看个体；不仅看平均值，更要看进步度。例如，个性化作业设计关注的是学生的自主选择性、学科的特色差异性和作业类型的丰富性；不仅是改进习题训练系统，减负增效，向延伸的课堂要效益，更是着眼于为不同群体的学生发展服务。（参见图1）

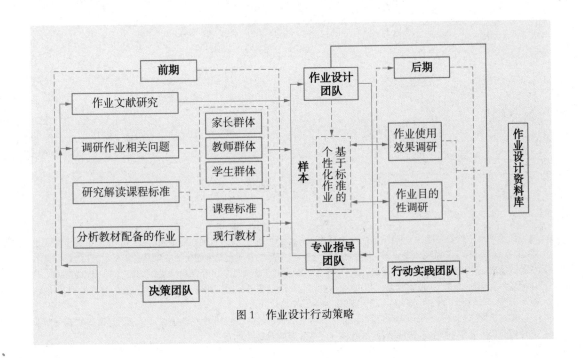

图1 作业设计行动策略

（3）教师专业知能提升：基于对教师知识和能力结构的现状研究和多角度分析，开发了多种教师专业知能提升的培训研修项目：如基于个性化需求的对话式研修、教师学科知识培训、促进教师个体实践性知识构建的学科实训基地培训、校本研修培训等等；特别强调在培训过程中以调查、数据、实证资料对教师进行再教育和能力建设，构建将"减负增效"理念落实到行动的推广和评价机制。

（4）促进学生全面发展：促进学生科学体锻，炼就健康体魄；开展心理健康教育，养成良好心理品质；设计具有动手操作和实践体验性的课程和学习任务激发持久的学习动力；关注学习过程的愉悦度；积聚优势资源，区校层面共同打造社区、家庭协同的立体多维的育人网络，努力营造和谐的育人环境。开发了创意梦工厂、英语村、健康运动处方、戏剧节等社会实践活动、动手体验项目，支持了学生有意义的学习，激发了学生的学习兴趣，促进了身心健康与可持续发展。

4 实证的研究结果

通过研究，区域建构了学业质量与生活质量两维度学业效能评价框架和监测系统①（参见图2），建立学业效能数据、加强量化和质性分析，实施多元反馈（参见图3）。

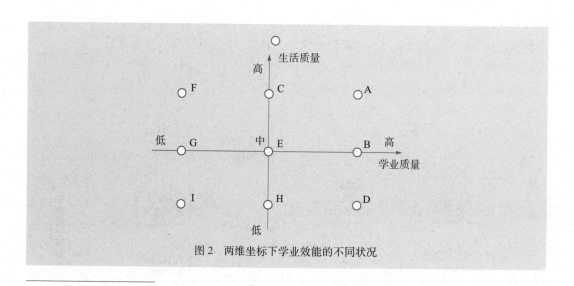

图2 两维坐标下学业效能的不同状况

---

① 学业质量的水平被分为高、中、低；学生生活质量的水平也分为高、中、低，呈现九种不同情况。学业质量和生活质量都高时（点A），学业效能是高的，成为实践的目标与追求；如果学业质量是中而生活质量是高或反过来（点C、点B），学业效能较高；如果两者都是中等状况（点E），或者学业质量和生活质量出现低的情况（点D、点F、点G、点H），总体而言学业效能就属于一般或较低；如果学业质量和生活质量都低（点I），则学业效能低。同样的起点I，可以有I-H-D-B-A、I-G-F-C-A、I-E-A等多种不同的提升方式。

比如一所学校如果原来学业质量较高，但学生的生活质量较低（例如学生负担很重），学校通过改进在保证学业质量的前提下使学生的负担有所减轻，区域就认定其学业效能是提升的。

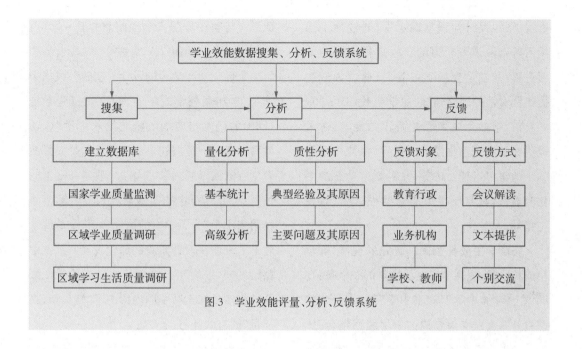

图3 学业效能评量、分析、反馈系统

从学业质量角度,考察学生是否想学、会学、学得更多、学得更有价值四个方面;从生活质量角度,考察学生睡眠和体育锻炼时间、作业与考试负担、生活资源丰富与校内外成长环境和谐四个方面。当时的实证数据显示,对于小学生而言,父母对学习的支持、班主任的责任心及教师上课水平是最影响学习生活质量的三个因素;而对于初中生而言,睡眠时间与质量、教师上课的水平、同学间的相处氛围是影响学习生活质量的三个因素。这一系列监测理念和结果成为上海全市绿色评价的区内先行探索和有力支撑。

研究还探索了减负增效与三个关键因素的因果关系及相应举措,分述如下。

增强学生的愉悦体验。研究发现,学生学习中的愉悦感受对学生的生活质量及学业成绩有很大影响。增强学生愉悦体验的关键点是,一要聚焦学生的情绪感受,学校与家庭牵手树立学生健康、自信、善于捕捉快乐、敢于应对挑战的品格;二要聚焦校长和教师的专业知能提升,要求教师和校长的才干不仅表现为渊博的学识和管理能力,也要转业关注学生的情绪变化,随之进行合理的反馈调整,善于为学生营造宽松愉悦的成长环境。

提高教育针对性、改善课堂教学。研究发现,尊重和适应学生,认识和把握学生的身心发展规律,关注学生的真实需求,对学习状况进行诊断与分析是针对性教育实施的基础;促进和提高学生的思维能力和思维品质是针对性教育的核心。优化学生的思维品质能有效提升学业效能。具体的操作路径有:通过暴露学生的相异构想,帮助学生弥合最近发展区，提升知识掌握水平；通过为不同学习基础及学习能力的学生提供不同的学习进程，开发学生的学习潜力；通过为学生提供针对性的课前辅导，使学生找回了课堂的自信，帮学生脱离恶性循环的旋涡；通过提供给学生个性化需求的指导，保持和增强学生的学习兴趣及优势；面对学生动态的变化与成长，教育要尽可能全过程诊断、监控与指导。

拓展学生成长空间。研究发现，拓展学生成长空间，提高学习生活质量的举措是：在课堂上将"做中学"与"书中学"结合起来；将课堂外的实践与课堂内的学习紧密结合；体验活动中成长的经历，提升综合素养；帮助学生自主地认识自我，了解他人，愿意开展合作，有效提高学生自我策划、自我组织、自我协调和应对各种问题的能力，为培养"社会化"人才打下坚实的基础。

三、"轻负高质"的研究成效

（一）"学生为本"的研究持续发力

2015年原静安区和原闸北区两个区"撤二建一"，尽管学校体量翻倍，办学条件和生源情况复杂多样，不过在转变育人方式，有效提升学业效能这一理念和实践指向上是非常趋同的。早在2014年基础教育国家级教学成果一等奖中原静安和原闸北共获6席（占上海市一等奖的40%），育才中学"普通高中学生个性化学程学习的设计与实践"、风华中学"中学物理教学的革新，数字化实验系统（DIS）的研发与应用"、闸北第八中学"成功教育探索——薄弱初中成功路径"、静安区教育学院附属学校"后'茶馆式'教学——走向'轻负担、高质量'的实践研究"、第一师范学校附属小学"为了学生的愉快学习，变革课堂教学——愉快教育实验的深化发展"、芷江中路幼儿园"以幼儿自主学习为核心的幼儿园低结构活动探索"，主题均指向了"轻负担、高质量"的有效学习。

新静安在区域中关于"以学生发展为本""轻负担、高质量"的教育追求不但没有停滞，而且在更广阔的范围中进行成果的涵濡、交流与辐射。

最新的上海市绿色指标测试结果显示，静安区四年级小学生在生活质量：体质健康指数、心理健康指数、学校认同度指数、自信心指数、学习动机指数、学习压力指数、睡眠指数、作业指数方面都在提升，显著高于上海市均值。[①] 体质健康指数、学校认同度指数、学习动机指数维持高位，均为9级；心理健康指数和学习压力指数上升了两个等级；睡眠指数保持不变且高于本市一个等级；作业指数上升了一个等级（参见表2）。

---

① 这些指数的界定类似艺术素养指数，且从名称上看来是负向的指数已经转为正向，因此均为指数越高，情况越好，评价越正向。

表2 2016与2019年静安区小学四年级绿色指标对比

	2016		2019	
	本市	本区	本市	本区
体质健康指数	9	9	9	9
心理健康指数	7	7	9	9
学校认同度指数	8	9	9	9
学习压力指数	6	6	7	8
学习动机指数	8	9	9	9
睡眠指数	5	6	5	6
作业指数	4	5	5	6

数据来源:绿色评价结果报告

与2015年相比,静安区2018年八年级学生的生活质量相关的指数也都有不同幅度增长(以补课负担为例,左起第一、二列百分比的含义是指,将得分超过本维度总分60%界定为学习压力较小)。2015年、2018年补课负担较小的学生的百分比分别为35.1%、44.8%,情况显著改善,其他依次类推。由此可见,静安区的在学生高层次思维能力、学校间均衡度和标准达成度提高的同时,学业负担,学生的作业负担、补课负担、学习压力不仅没有增加,反而在减轻(参见表3)。

表3 静安区2015年和2018年反映学业内涵质量的指数相应的百分比及增长率

指数名称	2015年	2018年	百分比增长率
高层次思维能力	59.1%	65.4%	10.66%
学业标准达成度	95.8%	96.1%	0.31%
补课负担	35.1%	44.8%	27.64%
学习压力	44.1%	52.1%	18.14%
学习动机	68.6%	73.3%	6.85%
作业负担	54.8%	58.2%	6.20%

数据来源:绿色评价结果报告

(二)余音绕梁的后续研究孵化

区域以真科研为引领的教育改革持续发力,带来良好的后效影响。已有研究形成了"轻负担、高质量"的推进路径。首先,采取"临下以简"的基本策略,通过深入调研,实证识别、抓住最敏感的关键因素,顶层设计,系统改进与完善。其次，各操作点应指向关键因素的效应本质，可概括为师与生、智与情、学与行、校与家四对基本关系的优化，在行动中特别要处理好师生关系、智力发展与情感愉悦的同步性，"书中学"与"做中学"并进发展，学校教育与家庭为中心更广泛的教育主体之间的协同合理。第三，着力于让关键因素的各操作点真正收到实效，必须加强教育行政部门、教育研究机构和基层学校(包括教师)三方主体在政策资源保障、专业赋能方法指导以及改革实践落实的精诚合作，形成相互支持、相互成就的铁三角。第四，区域范围的教育实证研究可采取的策略：一是应用理论演绎、经验判断与实践检验三角互证的方法；二是第三方的学业质量评估与区域内部的过程性、诊断性评估互补。

区域学业效能提升是一个抗解的问题，必然反复经历涉及各利益相关者的长期、艰难的缠斗，需培育和寻找新的生长点来继续推进，其中最为突出便是教师的针对性教学有待加强，学生的多元化学习需求有待满足。比如学生在高层次思维能力、学习自信心、学习动机等方面都存在不断提升的空间，而这些无疑根植于每一个学生的学习基础、认知风格、智能优势等，学生的深度学习表现以及相应的教学方式都应该体现出差异性和针对性。由此孕孵了静安在"十二五""走向个性化：发达城区教育内涵提升的实证研究"中轰轰烈烈开展了"精准针对学生差异的个别化教学系列行动"。

这一全区性的行动研究，分为"教学前端分析"案例研究、"教学设计与实施改进"课例研究、"个别化教学行动"反思研究三个阶段，鼓励教师从实践出发，运用科学方法，落实到单元设计、学科教学；定位学生的现有发展水平和潜在发展水平，厘清学生的认知困惑、学习心向与需求，从而明确教学的真实起点；尊重差异，有针对性地设计教学策略来弥合不同学生的最近发展区(教学前端分析案例研究)；然后把学情分析的结果转化为教学设计和策略，落实到课堂教学之中，观察、分析教学效果，回归于教学的改进(教学设计与实施改进课例研究)；最终，激励教师们对丰富的实践成果进行理念、理论层面的思考、提炼和阐述(个别化教学行动反思研究)，参见图4。

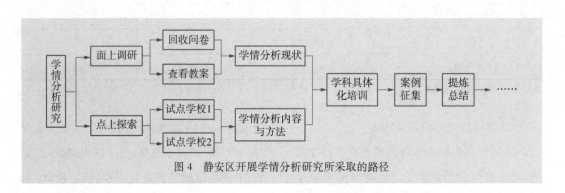

图4　静安区开展学情分析研究所采取的路径

教师从中经历了对个别化教学的思考、行动、总结、再行动、反思的一个认识螺旋上升过程；同时实践的过程也是对个性化教学加深认同的过程；另一方面，在学科、学段、区域层面上，积聚多方智慧，凝练出富有规律性的个性化教学方法、模式，形成了一大批有质量的、鲜活的个性化教学范例和学情分析通用模式，这也正是教师们在实践改进时最希望得到的帮助。

评估研究发现，教师精准的学情分析会给课堂带来如下的显性改变：(1)教师能发现并关注学生差异；(2)学生自主学习时间显著增加；(3)教学更容易深入到高阶思维和情感价值观的教育。学情数据的搜集和分析，以及教学策略的运用已经成为静安教师一种工作方法。全区教师调查显示，在个别化教学探索中，教师参与各种探索的总比例高达99.4%，其中最多发生的尝试行动为"备课中加入学情分析"，占25.6%。

四、区域探索的思考与展望

对于区域教育管理部门来说，落实党和国家的要求办人民群众满意的教育，必须坚持实事求是的精神、遵循教育教学规律办事，避免各环节在教育政策落实过程中的文本误解、行政简化，或是经验性的"照搬照抄"，功利化的急求速成。

回顾过往，通过"轻负担、高质量"的研究，静安教育走向了一个更加科学、专业、持续向好的教育治理生态；展望未来，我们将致力于更深度的改革试水，保障学生个性化的健康成长以及教育的可持续发展。

第一，区域正在扩容升级0—18岁个体成长连续数据库，加强个别化诊断跟踪数据及技术的应用。建立学生个性化智慧学习平台，促进并优化学生个性化学习的路径，从而构建高质量的学校教育体系，落实个性化教育和育人方式的转变；打破学校教育的闭环，探索新时代背景下家校共育创新机制。

第二，提炼符合教育改革要求和科学育人规律的教师关键行为，构建促进教师专业发展的行为模型，分析影响因素，针对性地开展在场诊断、联合指导和项目研训；从而明确教师专业权利和义务，在提升教师课程领导力、教育教学设计及预测能力的基础上提升专业自信。

第三，加强对教育治理的探索，激发不同教育主体的活力：探索教育公共服务的扁平化运作机制，建立个别化教育资源供给与配置机制；研制多种教育评价指数，建立区域教育质量管理标准，避免一刀切的绝对评价；对学校改革自主、创新的赋权增能，缩小公共教育服务的差距。

教育改革是一场各方博弈。唯有符合社会正义和专业科学的顶层设计和渐进推进才能"以心换心"，争取更多教育各利益相关者(教师、学生、家长)的信任，争取越来越多走向"轻负担、高质量"的同路人和支持者。

参考文献

1. 徐承博. 发达地区中小学实施素质教育的行动纲领及实践研究[M]. 上海：上海教育出版社，2001.

2. 陈宇卿. "轻负担、高质量"的区域求索：提高中小学生学业效能的实证研究[M]. 上海：上海人民出版社，2013.

3. 陈宇卿. 中小学生学业效能：内涵、评价与提升[J]. 教育发展研究，2011(22)：7.

4. 陈宇卿. 走向个性化：发达城区教育内涵提升的实证研究[M]. 上海：上海人民出版社，2016.

2. 区域教育高质量发展的长宁探索

熊秋菊

提　要：上海市长宁区提出要全力提供更加优质均衡的基础教育，着力打造质量一流的"活力教育"。"活力教育"是充满生命力的教育。顺天性而教，循规律而育，激发师生生命潜能，实现师生自由而全面的发展。"活力教育"正契合减负提质的政策导向，是教育高质量发展在区域层面的具体落实和体现。

作　者：熊秋菊，上海市长宁区教育局局长

"双减"政策源于立德树人的根本要求，是党中央做出的重要决策部署，拉开了建设新时代高质量教育体系的序幕，应站在实现中华民族伟大复兴的战略高度来认识和落实。高质量发展区域教育，是真正将"双减"政策落地落实的基础和关键。

"双减"政策，减的是不必要的学生课业负担和校外培训负担，不能以牺牲学生的学业为代价，这就要在提高教育教学质量上下功夫。既要让广大教师、家长理解"双减"的育人导向，更要精准把握区域教育教学提质的关键环节，全面系统做好校内外减负工作，确保区域教育高质量发展。

一、深刻理解"双减"的育人导向，确定区域教育高质量发展的方向

"双减"背景下要实现区域基础教育的高质量发展，绝不是简单的减轻负担，而是要以促进学生全面发展为导向，提升校内教育质量，规范校外机构治理，以系统思维落实教育综合改革，实现区域教育发展的新突破。惟其如此，才能从根本上解决中小学生负担过重、短视化、功利化问题，回应社会关切，缓解家长焦虑情绪，减轻家庭的经济压力和精神压力，构建教育良好生态，让教育真正服务于培养德智体美劳全面发展的学生。

上海长宁区地处上海市中心城区西部，是上海改革开放的重要窗口，具有经济发展水平高、国际化程度高、市民素质高的区位综

合优势,这为区域教育发展提供了有力支撑,也使得长宁教育获得了优质均衡的发展基础。但同时,长宁百姓"上好学"的多元诉求对教育发展提出了更高的期望,进一步提出"轻负担、高质量"的教育需求,这个需求与"双减"政策育人导向不谋而合。

为此,长宁教育提出要全力提供更加优质均衡的基础教育,着力打造质量一流的"活力教育"。"活力教育"是充满生命力的教育。顺天性而教,循规律而育,激发师生生命潜能,实现师生自由而全面的发展。

长宁的"活力教育"就是要培养德智体美劳全面发展的学生,不唯分数论,从促进学生学习兴趣、激发学生学习潜能出发,从培养学生终身发展和为未来社会培养人才的角度,让每个学生学会学习、善于合作、勇于创新、充满生活热情。这是长宁教育人对教育本质的思考,也是我们对教育发展的美好期望,正契合减负提质政策导向,是教育高质量发展在区域层面的具体落实和体现。

二、精准着力关键环节,促进学生全面健康发展

现代社会已步入知识经济和信息时代,对人才的素质提出了更高的要求,以传授知识和技能为首要任务的传统学校教育越来越难以适应这一要求。教育的高质量发展要发挥"双减"政策下学校的育人主阵地作用,育人与育才相统一,让具有不同兴趣志向才能的学生都能受到应有的教育,为不同类型人才的发展和脱颖而出创造条件。

(一)五育并举,促进学生和谐发展

教育的高质量发展并非指向学生的片面发展,而要丰富学生的学习资源和体验,更好地促进学生全面发展、健康成长。没有"五育"的高质量,就没有基础教育的高质量,[①]促进学生德智体美劳全面发展是"双减"工作的最终目的,也是长宁"活力教育"的根本任务。

1 推进小初高德育课程一体化建设,突出德育实效

培养社会主义建设者和接班人是我国教育的首要任务,长宁教育把这项任务从小学到高中一以贯之。把社会主义核心价值体系融入小初高德育课程一体化建设,引导学生树立正确的世界观、人生观、价值观、荣辱观。小学阶段以启蒙和体验认知为主,初中阶段以感悟和践行为主,高中以思考和实践为主,引导学校德育关注道德价值的内化。鼓励学生参加社会实践,提高思想道德素养。华东政法大学附属中学的学生发现校门口交通时常拥堵,自主成立了一个调查小组,通过现场考察,学生们记录了交通拥堵时间段、红绿灯间隔等数据,并制定了改善提案向有关部门反映。最后相关部门接纳了学生们的大部分提议,并前往学校现场给孩子们开提案会。

---

① 李政涛."五育融合"推动基础教育高质量发展[J].人民教育,2020(20),14.

这个过程不仅锻炼了学生的社会实践能力，也培养了学生遵守规则的意识、科学探究的精神，更培植了学生的社会责任感。

2 强化"三科"教学，落实为国育才使命

课堂教学是学校教育最主要的途径，爱国的情感、三观的养成、素养的培育要贯彻到课堂上，立德树人的根本任务才真正得以落实。利用思政、语文、历史等"三科"部编教材全面启用的契机，加强"三科"教学的整合，使社会主义价值观教育、中华传统文化教育、意识形态教育等德育元素与学科内容有机融合。加强教学研究与教师培训，使"三科"教学形成合力，共同承担起德育的课堂主渠道重任。课堂教学中，提升学生学习活动体验比重，使"三科"教学充满生机和创造活力，帮助学生建立起把实现个人价值同党和国家前途命运紧紧联系在一起的时代使命感，给学生心灵埋下真善美的种子，引导学生扣好人生第一粒扣子。

3 加强体育，体现健康第一

体育锻炼不仅可以增强体魄，还有利于身心健康发展，在运动的同时释放学习压力，从而更有利于进一步高效的学习。体育对德育、智育、美育和劳动教育的促进作用不仅是经验之谈，而且得到了科学的证实。"通过运动，无论成人还是儿童的脑都会发生戏剧性的变化，运动使得儿童的基础学力（读写算能力）得以发展，智商（IQ）也同样得以提升。"[1]

遵循学生身体成长规律和认知发展规律，推动区域体育教学改革，落实小学体育兴趣化、初中体育多样化、高中体育专项化，让广大学生爱上体育课、爱玩体育项目。在此基础上，将中华优秀传统体育项目——武术引入课堂，通过推广易学且有运动量的武术操，让学生在强身健体的过程中充分领略中华优秀传统文化魅力。学生在学校，确保每天的户外活动时间不少于一小时。同时，我们鼓励家长加入进来，建议家庭选择"跳绳"等设备要求低、操作性强的运动项目。长宁区绿苑小学还有这样一个"网红课程"，每年4月的第3周，全校学生可以自愿申请跟随父母外出实施"玩转地球——走出来的幸福"课程。在"行万里路"的过程中，学生一方面可以强身健体，另一方面增长见识、增添自信，还让很多缺少亲子相处时间的家庭增加了幸福感。

4 关注美育，提升学生艺术素养

"美育是审美教育，也是情操教育和心灵教育，不仅能提升人的审美素养，还能潜移默化地影响人的思想情感、气质、趣味和人的胸怀，激励人的精神，温润人的心灵。"[2]在人才

---

① Hansen, A. 一流的头脑[M]. 御松由美子,译. 东京:サンマーク出版股份公司,2018:31,239 - 253. 转引自钟启泉. 从学习科学看"有效学习"的本质与课题——透视课程理论发展的百年轨迹[J]. 全球教育展望,2019(1),40.

② 中共中央办公厅、国务院办公厅. 关于全面加强和改进新时代学校美育工作的意见[EB/OL]. (2020 - 10 - 15)[2021 - 12 - 8]. http://www.moe.gov.cn/jyb_xxgk/moe_1777/moe_1778/202010/t20201015_494794.html.

培养过程中,美育是必不可少,也是无可替代的,美育是促进人的全面发展的重要组成部分。

充分整合和利用区内外丰富的社会文化资源,推进艺术普及教育,丰富学生艺术体验,提升学生艺术素养。通过美术、音乐、欣赏、戏剧、创作等课型,以生动有趣的方式,让学生在参与与实践中,培养学生善于在平凡的生活中发现美,提高审美能力和人文素养。

⑤ 重视劳动教育,激发奋斗精神

劳动教育既是教育内容也是教育目的,意在培养青少年的劳动本领,引导他们树立劳动光荣的价值观念,保持作为社会主义国家主人翁的劳动本色。从这个意义上说,劳动教育是培养社会主义建设者和接班人的重要途径。[①]

根据学生年龄特点,开设多样化的社会实践活动,落实依学段递进的劳动教育课程,培养学生劳动习惯、劳动技能、劳动观念、劳动精神,充分发挥劳动的育人功能。同时,整合居家劳动、校园劳动和校外劳动,培养学生劳动自豪感、社会公益心、职业认同。利用服务业占比较高的区域经济社会发展业态特点,积极开发社会资源,设立劳动教育基地,将劳动教育与职业体验、志愿服务相结合,引导学生体会平凡劳动的伟大、尊重他人的劳动、创新创造的力量,帮助学生树立正确的劳动观,培养学生奋斗精神。

(二) 因材施教,提高课堂教学质量

"双减"要减轻学习负担,更要提高学习质量。学生在学校的大部分时间是在课堂中,学生的成长也是在课堂中。长宁根据学生年龄特点,从"四个学习"出发,遵循不同学段学生的认知规律、学习规律,实现学足学好、高效且有质量的课堂教学。

1. 幼儿园从"启蒙学习"出发,结合学前教育普及普惠、保教质量提升的政策要求,课堂教学中倡导孩子经历童趣活动,在真实或者模拟真实情境中,用游戏的方法引导孩子适应基本的社会生活,促进身心成长。比如,在"中秋·国庆"双节同庆的节日前后,仙霞路第一幼儿园的老师们带着孩子一起"说中秋、品中秋、绘中秋、赏中秋",还为孩子们组建了"小兵训练营",举行"阅兵式"。

2. 小学从"激趣学习"出发,结合教育治理能力和治理体系现代化的发展要求,课堂教学中倡导从学生学习兴趣出发,观照学生的生活体验和学科逻辑,帮助他们顺利进入学科学习。同时,引进家长资源,建设区本共育课程群,营造家校社共育的区域教育生态。比如安顺路小学的"家长微课堂",充分利用家长们不同的知识背景,不同的职业技能,为课程提供丰富的学习资源。有家长是超市营业员,可以动员他讲讲怎样看懂商品标签、条形码、保质期。对于外来务工人员子女的家

---

① 夏鹏翔. 劳动教育,培养全面发展的人[EB/OL]. (2020 - 04 - 28) [2021 - 12 - 8] https://baijiahao.baidu.com/ s? id = 1665197471185152303&-wfr = spider&-for = pc.

长,他们虽然多数从事体力劳动,但他们的教育资源也是很丰富多样的,如送快递的家长,可以拿来物流快递单,告诉学生们每一件快递是怎样进行递送的。

3. 初中从"有效学习"出发,结合初中学生学业水平考试改革、综合素质评价改革的重要环节,课堂教学中倡导学习既要有针对性,更要有开放性。初中学习较多地按照学科主线推进,一些知识难以与生活体验自动关联,在这种情况下,课堂教学要关注学科学习的方法,也要关注跨学科学习对学生综合素养的培养,引导学生对学科知识的深度理解和实际运用。

4. 高中从"综合学习"出发,结合长宁教育在市数字化转型试验区建设上的要求,课堂教学倡导从学生自主学习出发培养学生综合素养。为实现学生随时、随地、随需的自主学习,区域建设了近八千节学科教学微视频和优质课堂教学视频,这些丰富、多样、优质的学习资源,让学生有了更多自主选择的机会,为学生自主学习提供了充足的资源,提供了个性化学习的条件。

(三)减负增效,推进义务教育作业改革

"任何教育改革只有真正深入到学校内部的日常工作之中,才有可能最终影响学生的发展,实现培养当代社会需要的人的目标。"[①]作业是家长和学生感受度最高的学习

任务,也是撬动学校教育教学变革、减轻学生过重学习负担、落实教育高质量发展的重要支点。

近几年,对作业造成的心理负担方面的研究越来越多。有调查研究结果显示,作业类型和量的体验是消极情绪的主要来源,"学生对口头作业、科学实验类、实践或调查类以及音体美作业的情绪比较积极"。[②]另外,学生的自我效能感也是学业心理负担的重要相关因素。

基于这样的认识,长宁教育在作业量的把控上避免疲劳作业,为学生赢得深入思考的空间,提高学习质量。同时关注作业质的提升,让作业更加科学、更有针对性,提高学习效率;减少学生消极情绪,增加自我效能感,减轻心理负担。具体做法主要有以下三点。

1 形成作业改革的局—院—校联动的整区推进机制

机制的构建是工作持续推进的保障。长宁形成局—院—校联动机制,整合各块面力量,并使之相互配合,实现 1 + 1 + 1＞3 的效益。教育局对全区义务教育阶段学校落实作业管理工作进行顶层设计、统筹协调,教育学院引领区域小学和初中作业研究成果的双向延伸,小学作业效能检测和初中分层作业研究成果在区域全面铺开,义务教育阶段所有

---

① 叶澜."全球化、信息化背景下的学校教育改革"课题研究结题总报告[A]. 全球化、信息化背景下的中国基础教育改革研究报告集[C]. 上海:华东师范大学出版社,2004.31.

② 郑东辉. 中小学作业心理负担的定量分析:基于 16141 份数据[J]. 全球教育展望,2016(8),63.

学校100％不折不扣地落实"双减"政策对各学段作业提质控量的要求。

② 形成作业质和量的管理改进机制

长宁不仅严格落实全面压减作业总量和时长的工作要求，更是聚焦作业质量和有效性，构建作业设计—实施—反馈一体化研究链条，促进学生的有效学习、深度学习。以先行研究保障作业设计质量，将作业设计纳入教研体系，组织全区骨干教师参与作业研究，系统设计符合年龄特点和学习规律、体现素质教育导向的基础性作业，开发多种形式、多层难度的学科作业、跨学科作业和社会实践作业。以校际分享夯实作业改革成果，各学校根据学生特点对区域设计作业进行校本化调整，并分享展示校本化实施经验。长宁"初中作业开放性研究成果汇编"等就是由初中教师、学生共同开发的优质作业编制而成。以评价指导优化学生学习体验，加强面批讲解，做好答疑辅导，通过大数据分析为教师提供教学方案调整的依据，也为形成学生个性化学习支持系统奠基，充分发挥作业反馈的指导激励作用，帮助学生建立学习和成长的良性循环，体验"个性发展"。

③ 建立作业监督机制

将作业管理情况纳入系统内各单位绩效考核范围，将作业设计、批改、讲评、辅导等情况作为教师考核重要内容。教育督导部门参与学校作业效能监测，将作业管理情况纳入学校发展性督导评价，建立定期抽查和监测情况发布制度。

(四)落实落地，加强教师队伍建设

教师是立教之本，兴教之源。"高质量专业化的教师队伍，是提高教育质量、实现教育高质量发展的核心动力。"[①]作为学校教育教学的主要实施者，教师是文明传承和知识教授的载体；作为立德树人的专业工作者，教师是学生的重要他人；教师每天面对着百姓的孩子，一定意义上成为承载着社会厚望的道德标杆。可以说，教师的高度决定了教育的高度，并通过人才培养对未来社会品质与样态产生影响。

同时，每一位教师又是活生生的人，拥有个性化的人生阅历。要激发每一位教师的活力，使其深入探索教育教学和学生成长发展的规律在教育实践中的合理运用，对接政策要求，根据学生发展需求，依赖个人已有的知识和经验，持续提升自己的教育教学行为。

① "走向卓越"计划，为全区教师搭建专业发展之路

"走向卓越"计划根据不同教龄教师专业发展的关键需求，针对新时代教育发展要求以及突破瓶颈问题的关键点，以培养为主线，融评于培，围绕教师的教学、科研、育德、信息四大素养，整体提升教师队伍在课堂教学、命制作业试题、课题研究等方面的关键能力。并以此来提升教师教育理念，厚植教育情怀，

---

① 高书国.新发展阶段中国基础教育的战略思考[J].人民教育,2021(6),41.

激发教师生命潜能。每年进行"活力杯""卓越杯"评选活动,督促教师梳理经验和成果,进行阶段性自我总结和自我检验,让教师在不断发展、不断提升的内化过程中实现专业素养的提升。同时,区域利用卓越教师培育管理机制,通过课题研究、项目研究等方式,形成人才"蓄水池"效应,获得人才持续成长的动力,促进高端人才不断涌现的良好局面。

延安高中特级、正高级教师王石就是在这个教师培养体系下成长起来的,他说:"教育综合改革,既然是改革就必定要对原有的一些状态进行改变。在原来'舒适地带',我们会觉得得心应手,但也有可能失去前进的动力。综合教改要求教师从原本的育分、育学科转变到育人,教师必须通过学习丰富我们的知识,通过实践提升我们的能力,通过内化发展我们的素养,为学生的学业、研究性学习和社会实践乃至于整个人的发展保驾护航。将专业知识调和于真实的课堂情境中,使教育专业知识着陆在真实的学科知识之上,是一种解决现实问题的真实情境,这会加深我们对培养学生解决现实问题能力途径的认识。"

② 建设学科基地,发挥教师培养辐射作用

基础教育和高等教育都是人才培养的重要阶段,本应密切配合、彼此协作,保证学生成长支持的一致性。长宁教育响应国家大力发展基础学科的号召,对接高校的"强基计划",在高中规划建设三个学科基地。在延安中学建立延续数学传统优势的数学学科基地,在复旦中学建立延续博雅教育传统优势的以哲学为核心的人文学科基地,结合女生教育的特点在市三女中建立外语学科基地。在学科基地建设过程中,一方面向高校和科研院所借力借智,另一方面将全区的优质教育资源进行整合,充分发挥市实验性示范性高中、特色高中的特级教师、骨干教师的作用,通过高中学段基地建设带动初中和小学学段学科质量发展,促进多学段教师专业素养提升。

目前,复旦中学和复旦大学哲学学院共建的"长宁区复旦中学哲学教育基地"已成立运行。基地组建了哲学教育核心团队,复旦大学哲学学院选派授课教师,区教育局、教育学院遴选区域语文、思政、历史、艺术教师,与复旦大学教师团队共同参与备课听课、课程开发、资源库构建等。开展了哲学教育系列活动,每学期常规开展系列哲学主题教学活动,暑假举行夏令营活动。长宁助教老师通过撰写阶段性教学研讨论文、教学设计、跨学科教学案例,提升对学科方法论的把握和跨学科教学能力。助教老师前往其他学校,做相关讲座,促进更多教师开阔视野,提升专业素养,对区域教师发展起到了辐射作用。

三、有效激发教育提质的内生动力,建设教育良好生态

教育发展最终还是要回应家长的需求,

实现每一位学生更好的学习与成长,体现以人民为中心的发展理念。"解决教育问题必须从教育与社会的互动中寻找改革发展的方法和策略,必须把教育放在整个社会系统中,从教育生态学的视角进行系统谋划。"[①]促进教育高质量发展,实现减负提质,要通过政府主导、学校主体、家庭参与、社会协同的实践探索,共同建成区域教育良好生态,激发教育的内生动力,点燃每一位教育者的教育激情,提高教学能力和育人水平,形成协同育人的良好生态。

(一)加强课后服务质量,提升学生综合素养

校内课后服务是一项实现学生和家长整体减负的民心工程,也是拓展育人时空、拓宽育人渠道、优化教育生态的良好契机。对家长而言,课后看护服务更好地满足家长需求,切实解决家长的接送看护与本职工作的冲突,把更有温度的教育带给家庭。对学生而言,这些涵盖了丰富内涵的看护服务,既培养了兴趣、陶冶了情操,又开阔了视野、锻炼了能力,课后的这段时间也是属于孩子们的快乐时光。对长宁教育而言,课后看护服务为原本已经静谧的校园增添了无穷的活力,进一步助力教育高质量发展。

① 面向学生,提供个性化服务

长宁教育构建"作业辅导 + 社团活动 + 延时服务"的三段式服务模式,为每一位学生提供个性化的帮助。作业指导强调个别化和精准性,在 15:30—16:30 的课后服务时段,倡导"教师走班"的作业辅导模式,所有学科教师轮流进班对有需求的学生进行有针对性的辅导。对于学习有困难的学生,提供一对一个别化辅导,尽力做到个体和整体相结合。课外活动强调规范化和多样性,各类体育、艺术、科创、劳动、阅读和德育等活动锚定学生综合素质培养,充分结合学校育人目标,彰显课后服务的育人价值。晚托服务细致入微,确保学生安心,家长放心。

② 整合资源,形成育人合力

鼓励学校充分挖掘教师资源、社区资源,开设多样、可选择的课程,满足不同孩子的需求,让学生的兴趣得以发展,个性得到释放。同时,优化统筹政府举办的公益性校外教育资源,致力于学校内外衔接、课程的多元多样供给,实体送课和云端体验并行。区少年宫开发了 18 个系列 160 余节的线上"星课程";劳技中心实现线上课程中、小、幼学段全覆盖;少科站除了常规录制的线上课程,每年数次通过多个网络平台直播科学实验秀、科普剧场、科普微视频。实践证明,发挥好少年宫、少科站等公益性校外教育资源在课后服务中的作用,能不断改进服务质量,增进政府、学校、家庭的育人合力。

③ 规范治理,减轻学生的校外培训负担

全面准确把握"双减"政策,引导学科类培训机构规范发展、转型发展。不再审批新

① 张志勇. 县域教育生态建设,路在何方[N]. 中国教师报,2017 - 02 - 22(010).

的面向义务教育阶段学生的学科类校外培训机构,现有学科类培训机构重新审核并统一登记为双重管理的非营利性机构。健全教育部门牵头抓总、市场监管部门综合执法、行业主管部门业务指导、政法委维稳、其他部门密切协同的培训市场综合治理机制。

(二) 数字化支持下的诊断评价,实现学校教育动态优化

人类文明向前迈进的每一步无一不在总结评价反思的基础上得以实现。步入新时代,教育质量评价不能仅仅停留在教育发展规律和现状的简单衡量和判别,而是发挥质量监测报告的"体检"功能。特别是在大数据技术的支持下,教育的过程性监测和评价更有助于学校办学和教育教学的动态调整。在长宁教育实践中,无论是区域教育的发展、学校办学的提升、教师专业的成长、学生学习的进步,都将评价作为重要一环,嵌入其发展过程之中。

① 树立科学教育质量观

"教育评价是对教育实践的价值定义和价值赋值,既是一种科学的认识活动,也是一种价值的评价活动,应是合规律性与合价值性的统一。"[①]对教育本质的恰当认识是正确理解和运用教育评价,改善教育教学的前提。

在以立德树人目标的指引下,长宁教育人的教育质量观发生了根本性的改变。第一,评价观念从"功利"走向"发展"。一致认

同"成绩好,一好遮百丑"的传统评价理念不利于学生真正的健康发展,教育价值取向从过度追求现实功利成功转型为促进学生全面发展。第二,评价手段从"单一"走向"多元"。各类评价强调了现代评价方法的运用,评价方法突破了学业评价的单一性;突破了系统内评价的封闭性;突破了传统评价过程中忽略学生主观感受的弊端。第三,评价过程从"证明"走向"改进"。强化评价的诊断、改善、激励功能,注重考查学生进步的程度和学校的努力程度,改变过去单纯强调结果不关注发展变化的做法。引导学校为学生提供更适合、更全面、可选择、有竞争力的教育,追求全体学生全面而健康的成长。

② 以教育评价助力学校发展

教育评价监测结果的合理利用是实现评价意义的必备条件,其关键在于行政导向和学校落实。长宁将每一次国测结果作为推进区域教育政策制定、教育改革的重要依据,有效地促进了区域基础教育可持续高质量发展。学校也将测评数据分析与学校的教育教学发展紧密结合,开展教育评价改革项目研究。同时,业务部门针对监测中发现的主要问题,进行专项的调研及跟踪式的调研。比如,针对质量监测过程中存在的教学问题,教育学院教研室组织开展教学调研。在调研的过程中,通过听评课,与学校领导、教师、学生座谈,检查学生作业等活动了解学校工作开

---

① 石中英. 回归教育本体——当前我国教育评价体系改革刍议[J]. 教育研究,2020(9),7.

展情况,及时发现问题,提出改进建议,并督促学校整改。学校在认真分析测评数据的基础上,制定针对性的整改措施,并在后续工作中认真落实,确保问题得到解决。

借助数字化转型实验区建设契机,长宁利用信息化工具实现评价监测结果的及时、有效获取,有助于实现教育实践的动态调整。比如:通过伴随式学生学习过程数据采集,实现教师差异化教学和学生个性化学习。随着数字化转型的不断深入,"改进结果评价,强化过程评价,探索增值评价,健全综合评价"的目标将更好地得以实现。教育评价将更好地助力区域公共教育资源的分配,激发中小学教育的活力,全面促进区域教育的高质量发展。

3. 教育改革与发展的黄浦实践

姚晓红

提　要: 上海市黄浦区推进"双减"落地,既是贯彻党政方针的政治自觉,更是基于对教育价值和内在规律认识的行动自觉。"减"不是唯一的手段,还需要更多的手段相辅相成、系统集成。 为此,黄浦教育探索从课内到课后紧密对接、有机整合的系统再造,通过做加法,为学生提供更加丰富的体验,更加多元的选择,更加适合的机会;通过做乘法,让因材施教的个性化学习赋能每个孩子的自我成长,实现倍增效应。

作　者: 姚晓红,上海市黄浦区人大常委会副主任,黄浦区教育工作党委原书记

"双减"是党和政府站在"为党育人、为国育才"的战略高度,坚持"以人民为中心"的价值追求,勇担"把握规律、攻坚克难"的改革使命,为落实立德树人根本任务,守护每个儿童健康成长,培养更多德智体美劳全面发展的社会主义建设者和接班人作出的重大决策。

"双减"本质上回应的是基础教育人才培养目标和培养方式的深层问题,在于引导基础教育的育人转向。为此,我们不应将"双减"视为行政禁令,而应将这项"一号工程"置于基础教育人才培养的总体布局中深刻理解与切实推进。

一、"双减"的出发点是教育价值导向的回归本义

"双减"以强化育人导向作为改革的价值追求,以整体和全局的视角审视课业负担过重的现象,准确把握了改革的真正定位。在黄浦,推进"双减"落地,既是贯彻党政方针的政治自觉,更是基于对教育价值和内在规律认识的行动自觉。

(一) 哲学审思:从功利性回归人本价值

教育的本义是"人","目中无人"是教育的异化。所谓减负,要减的是过重的负担,"过重"并非只是数量,而是蕴含"不应该"的价值旨趣,任何违背教育规律、异化教育行为引发的负担,才是真正的过重负担,也才是我

107

们真正需要减去的。当孩子被"压缩饼干"似的教育异化成为"学习机器",这正是"双减"真正要破除的。

(二)实践要义：从短视性回归全面发展

实现人的全面发展是教育追求的根本价值目标。全面发展首先是身心健康和谐发展，以牺牲学生睡眠、视力、体能、心理健康为代价的，重结果轻过程、重速度轻质量，是有悖于可持续发展观的；第二，全面发展是德智体美劳的协调发展，荒废"四育"，只追求狭义的智育发展，是有悖于和谐发展观的；其三，全面发展也是知行合一的有机体现，"行是知之始，知是行之成"，只有"纸上得来"缺乏"躬行践履"的学习，是有悖于辩证发展观的。要实现上述的全面发展，则必须让学生从过重的书面作业和校外学科培训束缚下解脱出来。

(三)发展关键：从同质化回归自我成长

每个学生都是独一无二的，他们的天性禀赋、认知结构、成长体验、学习基础也都是独特的，学习是因人而异的，学业负担同样也是因人而异的，学习是要付出努力和代价的，必要的负担是每个学生需要承受的，但要求他们以同样的方式、同样的速率学习同样的内容，达成同样的目标，不受自我掌控的学习就会让学生感受到过重负担。另一方面，当学生没有真正将外在鞭策转化为内在驱动时，没有真正理解学习意义、尚未获得自我效能感的条件下，"要我学"而非"我要学"的状态同样会加重学生的负担感受。

综上所述，"双减"政策的首要基点在于使教育过程中学生作为意义主体的价值得以呈现，让他们真正成为教育的中心，让"育分"真正回归"育人"。

二、"双减"的着力点是学校教育阵地的系统再造

"双减"只是手段，其目的就是促进学生更加健康、更有活力、更加完整地学习成长，而这其中着力点在于夯实学校教育主阵地。与此同时，我们也清醒地认识到，落实"双减"，"减"不是唯一的手段，还需要更多的手段相辅相成、系统集成。当我们在"减轻过重作业负担和校外培训负担"让学生身心松绑、时空释放的同时，我们同样需要思考：如何做加法，为学生提供更加丰富的体验，更加多元的选择，更加适合的机会；如何做乘法，让因材施教的个性化学习来赋能每个孩子的自我成长，实现倍增效应。为此，黄浦教育积极探索从课内到课后紧密对接、有机整合的系统再造。

(一)课程统整：立德树人，丰富成长体验

对于学生的成长，课程是温暖的记忆、心灵的旅程，更蕴含着拥抱未来的力量。黄浦区作为全市唯一连续三轮的课程领导力项目研究整体试验区，以深入推进课程领导力项目为抓手，先后有 23 所中小学(幼儿园)成为市级项目学校和 70 所学校成为区级项目校，坚持将区校联动致力于"区域特色课程构建

共享",区级共享课程数已达 160 多门,为学生成长提供丰富的体验,为五育并举提供资源的支撑,为不同学生的多元发展需要提供个性化的平台。

在德育方面,形成"校本德育特色课程——区级德育特色共享课程——市级'中国系列'课程"的三级德育特色课程建设体系,目前已培育 20 门德育课程入选市级"中国系列"课程,在此基础上,以传承黄浦的红色底蕴、红色文化作为推进区域思政课一体化建设的主要抓手,深入建设体现历史进程深度、时代发展高度、社会生活温度的黄浦"红色思政"品牌。

在劳动教育方面,黄浦区以创建"全国劳动中小学劳动教育实验区"为契机,重点建设 3 个劳动教育跨学科项目,创建 10 个劳动教育实践基地,线上线下融合推进劳动教育资源共享。

在创新教育方面,黄浦积极打造"融创"课程体系,鼓励各级各类学校探索构建融入创新元素的跨学科课程、主题综合实践课程和学校特色校本课程等,第一批 22 门跨学科实践创新共享特色课程已在全区进行推介共享。开展"指向核心素养的项目学习"的研究,积极探索"五育"融合无边界课程,实现"一育"融"多育"、"一育"促"多育"。

(二)课堂转变:"数"智赋能,探索因材施教

在当前大规模集体教学背景下,课堂中如何激发学生学习兴趣,实现个性化因材施教,这是落实"双减"的瓶颈难题,也是黄浦教育近年来孜孜以求的改革探索。作为国家级信息化教学实验区,黄浦将数字化转型背景下信息技术与课堂教学深度融合作为撬动这项攻坚任务的支点。

我们积极推进 VR(虚拟现实)/AR(增强现实)/MR(混合现实)新技术应用,在全息课堂中,抽象的知识"触手可及",可视化、形象化,沉浸式、交互式的教学场景与模式,使印在书本上的知识"活"起来,远在千里外的场景"飞"过来,课堂的直观性更强、互动性更多、趣味性更浓。

学校运用 IMMEX－C(多媒体互动测训国内研发平台),通过创设问题情境,借助于技术手段真实记录学生解决问题的思维过程,利用图形化、可视化的形式描绘出学生在问题信息项之间"游走"的足迹,为教师洞察学生思维过程提供技术支持,方便教师根据学生的思维特点,及时调整教学方式方法,向学生提供个性化的教学干预。

"云课堂"中,云课桌让每个孩子收到量身定制的练习,又能便捷地完成合作学习、交流分享;手持智能云笔,每个孩子学习的过程数据会即时采集、及时反馈,依托信息技术实时无感采集的大数据为学习精准导航,人机协同,打开"课堂黑匣子",帮助老师更精准地了解学生,更有效地调整教学,更有针对性地给予辅导支持。

目前黄浦区正与华东师范大学合作开展"数据驱动下基于学习分析技术的精准教学研究",旨在系统、科学地运用学习分析技术,以大数据为工具,在发现学习、理解学习的基础上为学习者提供更个性化的学习支持,促进其深度学习、高效学习、创新学习,让"因材施教"成为可能并呈现新范式。

(三)作业研究:三"强"三"不",提升学习效能

黄浦区将作业研究作为落实"双减"要求、撬动教育改革的关键支点,通过落实"三个'强',三个'不'",有效发挥作业"激发兴趣、激活思维、全面素质、创新实践"的育人功能,从而带动教学方式、学习方式和评价方式的转变,引领教师的教学研究和专业提升,深度支持学生的全面发展、个性学习、健康成长,真正提升作业促进学生全面、有个性、可持续发展的育人效能。

一是强管理,不超量。区域层面强作业学情调研、建作业共享平台、优作业监管机制,整体上形成作业的指导和管理机制,即"公示 + 备案""基础 + 选择""总量控制 + 质量跟踪"作业管理的三大机制。黄浦区自2010年起,每年面向全区中小学生开展学情调研,掌握全区中小学生作业完成时间和作业量的总体情况和动态发展趋势。区教研室牵头开发初中数学作业平台,按照课程标准的要求进行课时作业设计,形成了科学设计作业的范例。区校联动,从课程、教学、评价等方面加强研究,不断优化对作业质量的监管研究。

二是强设计,不盲目。学校通过对各类作业的科学设计、系统设计,重点探索全面性的素质发展作业、差异性的选择弹性作业和综合性的项目学习作业。卢湾二中心小学在控制语数外三门学科作业量的基础上,积极倡导艺术、体育、科技、劳动等体验实践类作业,并加强此类作业的指导。如体育学科设计了家庭体育运动指南,开出了各年级体育锻炼处方,并由体育老师录制指导视频,讲解运动方式和动作要领,以帮助学生更好地完成作业。向明初级中学作业布置遵循分层递进、先减后增、动态调整的原则,根据难易程度,分为三个层次:C 基础型必做作业、B 能力型选做作业、A 创新型选做作业,学生根据自己的学习水平,从基础型、能力型和创新型三个层次作业中选择相应的作业,并在老师指导下及时进行动态调整。"一个鸡蛋有50 kg""一头牛 650 g",当学生对"克"与"千克"量感建立不够清晰,认知经验不足而出现这样啼笑皆非的情况时,在上海师范专科学校附属小学,教师能以"质量的初步认识"为知识背景,设计"自制天平秤"作业,从了解天平秤的结构到选择适合的材料制作,再至尝试称重,让学生经历"设计—制作—分享—优化—使用"的"创意解决"之旅。从学生生活中的真实问题引入,围绕一项任务,预设多种完成路径,鼓励学生运用发散性思维综合不同学科、不同资源、不同生活经验中获得的学习信息来完成,既贴近生活、有趣,又有张度与深度。

三是强效能,不焦虑。学校聚焦规范批改、个别辅导、资源支持和教研指导四个关键

要素,提升每一位教师控制总量、精选内容、适切把握、有效指导的专业能力,提升作业促进学生全面、有个性、可持续发展的育人效能。黄浦区教育学院附属中山学校采用教研组把关、备课组落实、年级组统筹,纵向管理、横向统整、双重监控的模式,确保作业效能。如,学校以数学学科为试点,依托作业平台,从作业数量、难度分布、达成度等方面为教师设计作业提供依据,利用网络技术的统计与数据处理功能,为作业研究提供实证研究所需的信度、效度等各项数据,严格控制作业的时长和知识点覆盖面,从而设计出适合不同水平学生完成的精准个性化作业,在有限的时间内提升作业的效率。

(四)课后服务:精细管理,优化育人品质

推进课后服务是支撑实现"双减"工作目标的重要举措,是彰显学校办学特色、促进学生全面发展、回应社会关切期盼的重要途径。早在两年前,黄浦区就将小学生课后看护服务作为民心工程,纳入区实事项目,精心设计、合理分段、丰富内容、通过提升服务的吸引力和满意度,不断扩大服务覆盖面,取得积极进展,有效缓解了小学家长"三点半"接孩子难问题。"双减"推行后,黄浦区围绕扩大服务覆盖、提升服务品质、完善支持系统为抓手,进一步提高课后看护服务水平。

一是扩大服务覆盖。在范围上确保小学初中全覆盖、公民办学校全覆盖、愿留尽留全覆盖,在时间上强调"5+2",即五个工作日全覆盖,服务时间一般不少于2个小时,结束时间一般不早于当地正常下班时间,优化完善"润心成长,素质拓展多样化""安心作业,个别辅导精细化""暖心看护,晚托陪伴人性化"的分时段、有侧重的课后服务黄浦模式,让学生开心、让家长放心。

二是提升服务品质。作为上海市首个整体推进小学主题式综合活动课程的行政区,黄浦区将小学主题式综合活动课程作为小学课后服务的重要载体,根据学生不同的需求,从课程化的角度通过多样化的实施路径做强活动设计,不断深化主题式综合活动课程的区域实践,加强内容的多元设计,持续改进学生的学习体验和效果,使课后服务促进学生核心素养的培育。中学阶段,充分发挥校外活动场所在课后服务中的作用,探索将课后服务有序延伸到校外文体、科普等场馆。黄浦区劳动技术教育中心在下午课后服务时段,开设包括陶艺与雕塑、校园微电影摄制等多门通用劳动技术课程,供本区中小学生根据兴趣自由选择,多元化地促进学生素质全面发展。

三是完善支持系统。"双减"推进以来,黄浦区进一步建立健全课后服务支持系统,积极探索专兼职互补、校内外合作的资源保障机制,充实服务队伍、丰富服务内容;同时引导、鼓励学校在国家法定节假日、休息日及寒暑假期向学生开放校内各类场馆,做强做优"多彩学习圈"黄浦青少年社会实践特色品牌,丰富学生课外生活,让校园成为学生成长的家园。

三、"双减"的突破点是创新教育生态的全新构想

"双减"是国家推进基础教育改革的系统工程中的重要一环,基本原则在于"源头治理、系统治理、综合治理",力求突破"学校万能论"的逻辑误区,统筹联动学校、社会和家长等多方利益主体,形成"三位一体"的治理格局,推动减负改革实现由点状到面状的转变,构筑自然和谐的教育生态。

2021年11月10日,联合国教科文组织发布《共同重新构想我们的未来:一种新的教育社会契约》,主张在考虑一个人的终身教育权的基础上,要强调一种新的教育社会契约,强调教育作为一项公共行动和一种公共利益的功能,强调生态主义的教育观。当前,我们更加深刻地意识到,推进"双减"正是我们共同重新构想教育生态的重要契机,当"双减"这一系统改革改变了育人导向、改变了育人方式、整合了育人资源,恰恰回应了创新型人才培养的现实挑战,"双减"让我们找到了基础教育阶段推进创新教育的重要突破口,这正是我们迫切需要的教育生态新构想。

(一)深化教育评价改革,倡导创新人才培养,链接国家命运与民心所向的同频共振

中国特色社会主义进入新时代,党的十九大报告提出"加快建设创新型国家",创新人才的培养显然是时代的需要、民族的需要,这与人人渴望成才、人人努力成才、人人皆可成才、人人尽展其才的人民心声其实不谋而合,关键在于对人才"不拘一格"的认识与评价,让创新成为一种文化、一种氛围、一种势能,鼓励人人创新,时时创新,处处创新,当人民群众认识到国家需要的创新人才,在各个领域都能诞生,创新的方法也各式各样,只要是创新,都将被认可与鼓励,当大家都将创新作为新时代"人才"的核心要素,国家与人民对教育的期盼就能同频共振。

黄浦区2019年召开教育大会,确定以推进创新教育整体带动黄浦教育现代化的加速推进,深刻诠释教育发展价值追求,扎实推进立德树人、五育并举的根本任务。在全市率先发布《黄浦区推进创新教育三年行动计划(2019—2021年)》,成立了"黄浦创新教育发展研究中心",对教育教学全要素、各学段全过程的创新教育进行顶层设计、系统集成。

(二)深化育人方式变革,聚焦创新素养培育,链接不同学段同向而行

高质量的教育生态构建目标应是基础教育、职业教育和高等教育如何各自完成独特的育人功能,同时又更好实现三者之间的衔接和融合,需要立足每位学生完整的学习经历,围绕共同的育人目标实现紧密对接、螺旋上升。

创新素养的培育不是高等教育的专属,更不是精英教育的专利,基础教育恰恰要努力成为创新人才的孵化器、培养皿。黄浦区提出了打造"学段衔接,协同融合"的创新教

育培育脉络,让创新教育贯穿于孩子成长的全过程。学前教育重在游戏中探究,激发好奇心;义务教育以项目化学习为载体,重质疑解疑;高中教育以新课程新教材实施为突破,重思维品质,职业教育以产教结合为主要趋势鼓励创新创业。

围绕培养目标,课程的内容设计应基于学生可持续发展的要求,要处理好学期、学年、学段之间的有机衔接,构建科学合理的活动主题序列,幼儿园以"童趣、童真"为基础,小学中低年级以"动手、动脑"为基础,小学高年级和初中阶段以"创意、创作"为基础,高中以"研究、创造"为基础,职业教育以"创业、实训"为基础,真正让不同学段基于学生发展规律、围绕创新素养培养实现同向而行。

(三)深化协同育人机制,丰富创新实践资源,链接社会多方同心聚力

教育不仅要培养学生,还要凝聚家长,更要影响社会。学校、家庭、社会对教育的理解要与时俱进、齐头并进。有效推进"双减"落地的关键在于学校、家庭和社会"三位一体"的协同育人机制的建立,合力扭转错误的教育价值导向,在全员、全程、全方位育人中取得掷地有声的实效。如果说,学校是学生成长的主导性力量,那么家庭教育理应成为基础性力量,社会教育则是支持性力量,只有三股力量围绕学生的健康成长、全面发展画出同心圆、增强凝聚力,才是高质量的教育生态。

基于此,黄浦教育充分凝聚"双减"带来的基础教育改革合力,从家庭、学校到社会给予学生创新实践整体性环境支持。一方面借助各类媒体加大对创新教育工作的宣传,促进创新素养教育扎根校园,深入人心。特别注重加强家校互动,及时收集积累适合家长参阅的创新素养教育材料、案例等,依托"特级校长特级教师"公益课堂等形式开展家长培训,把创新素养教育的相关理念、内容、目标及学校开展的创新素养教育导向传递给家长,通过家校互动,切实转变家长的成才观,形成育人合力,构建家校共育的创新素养教育体系。

在社会资源整合上,由教育、科创、文化、科委、科协、共青团等部门和机构共同参与,构建区域创新教育资源整合机制。充分发挥区域内科学文化场馆、图书馆、科研院所、高新企业等部门和机构在推进创新教育中的积极作用,形成全社会共同支持和推进创新教育的良好局面。建立创新教育专家资源库,将全国、全市科研院所、高等院校专家教授、教育管理者、教研人员、部分中小学(幼儿园)校(园)长等专家学者纳入专家资源库,参与对区内各中小学(幼儿园)开展创新教育情况的专项指导,跟踪服务。

"双减"奏响了新时代基础教育改革的强音,作为教育改革,必须坚守"以人为本",通过教育使人成为彰显和谐性、独特性与主体性的全面发展的人;作为教育改革,必须坚持"系统治理",从体制改革、课程改进、方法改

良、环境改善等方面多措并举,协同发力;作为教育改革,必须坚定"育人方向",重塑教育生态,赋能人类重新构想新的共同未来。这场改革,虽任重道远,道阻且长,但行则将至,期待每一个孩子都将脸上带笑,眼里有光,心里筑梦。

4. 教育综合治理的浦东经验

李百艳

提 要: 浦东新区作为上海市教育综合改革示范区,加快建设多元主体协同共治的教育治理新机制,系统架构高质量发展的教育新体系,以"双减"为撬动点,积极推进教育综合治理、教育评价改革、教研体系化转型和高素质的教师队伍建设,强化学校教育主阵地作用,推进家、校、社协同育人,为孩子营造健康的学习和成长环境。

作 者: 李百艳,特级校长,正高级校长,上海市浦东教育发展研究院院长

在"双减"政策出台的半年时间里,基础教育从校外到校内都发生了巨大变化,校外培训机构的野蛮生长被强力遏制,学校育人体系的主导地位被突出强化,学生、教师以及家长的生活状态在悄然改变。迄今为止,"双减"这个词的热度依然未减,这场变革必然会成为中国基础教育的分水岭。

浦东新区作为上海市教育综合改革示范区,在落实和支撑服务社会主义现代化建设引领区建设过程中,加快建设多元主体协同共治的教育治理新机制,系统架构高质量发展的教育新体系,以"双减"为撬动点,积极推进教育综合治理、教育评价改革、教研体系化转型和高素质的教师队伍建设,强化学校教育主阵地作用,推进家、校、社协同育人,为孩子营造健康的学习和成长环境,重构良

好的教育生态,"双减"改革已取得阶段性成效。

一、"双减"中的守常

今天的世界越来越充满着不确定性,作为教育工作者,更应该思考教育的确定性在哪里。"双减"政策引发了全社会对教育本质的深入思考,新时代的教育需要变革,但也同样需要坚守。越是面向未来的教育,越是需要坚守教育本质,回归教育常识。

(一) 坚守常识:让教育常识成为社会共识

教育常识就是有关教育的最基本且简单的事实性的知识与道理。[1] 对教育常识的遵循和坚守是教育工作者的基本素养和教育底

---

[1] 李政涛. 教育常识[M]. 上海:华东师范大学出版社,2012:6.

线。现实社会中,有诸多教育问题都是由于遗忘、违背和扭曲教育常识而造成的。教育常识告诉我们,理想的教育造就幸福快乐的童年,朝气蓬勃的少年,奋发有为的青年。但长期以来,孩子们的学习空间被无休无止的刷题填满,繁重的课外补习挤压了孩子们的闲暇时间,过重的课业负担导致学生的心理健康问题频出不断。"人生识字忧患始",孩子从上学伊始就背上了沉重的学业负担,导致很多孩子尚未成才就已经像路边被烟尘污染而长得畸形的一棵小树。不要说这样的孩子在未来很难承当起民族复兴的大任,就连基本的"修身、齐家"也成问题。反观造成这一问题的原因,主要是整个社会没有把教育应该尊重人的身心成长规律的常识当成共识,反而把一些不科学的价值观,诸如"不能让孩子输在起跑线上"等贩卖焦虑的口号作为教育的逻辑起点。很多家长被裹挟其中失去理性,如狼似虎地助跑、带跑、抢跑,通过让孩子参加各种培训班、补习班等方式"鸡娃",凡是别人家孩子学的,自己的孩子样样都要学,甚至要学得更多,最后导致"十八般武艺,样样不精通"或者"每时每刻都在学习却是被动学习、极其厌倦学习"的学生越来越多。有些孩子已经不能独立起跑、坚持长跑,甚至要靠家长抱着、背着往前跑;还有一些孩子刚刚起跑就已经力不从心、累倒在半路,选择"躺平"。"双减"政策的出台就是为了扭转教育的这种罔顾常识、偏离本质、严重异化的倾向,国家出重拳的目的就是为了打破过度的教育内卷和社会焦虑。

"双减"背景下,孩子的课外补习少了,空闲时间多了,理论上来看,孩子们能够在课余享受更多自由支配的时间,能够做自己学习的主人,但是很多家长的焦虑没有减轻,他们开始为找不到辅导班、找不到家教而感到无所适从。有家长坦言,过去长期依赖的教育模式一旦被打破,顿时感到茫然无措。这同样反映出人们对教育常识的认知匮乏。"双减"不是让孩子"躺平",而是为了让孩子拥有闲暇的时间去内化所学知识,去发现自己的兴趣,去思考、去操练、去探究、去创造。正如孔夫子所言"学而时习之",知识和能力的获得既要通过"学"而知之,更要通过"习"而得之。苏联教育家苏霍姆林斯基指出:"只有当孩子每天按照自己的愿望随意使用5—7小时的空余时间,才有可能培养出聪明的、全面发展的人。离开这一点再谈论全面发展,强调培养素质爱好、天赋才能,只不过一句空话而已。"闲暇时间内的生活质量决定着人的生命质量,我们的孩子需要从小得到良好的闲暇教育,获得在闲暇中提高生命质量和全面发展的知识和手段。[①] 陶行知在"儿童的六个解放"中提出:"要解放儿童的时间,不要把儿童的时间排得太紧,学校、家长不要在功课和考试上双重夹攻他们。"有一定可以自

---

① 冯建军,万亚平.闲暇及闲暇教育[J].教育研究,2000(09):37-40.

由支配的时间对于孩子的成长至关重要,因为每个人所拥有的特长或技能,身上散发出的创造力和生命力,是无法靠一个一个培训班"灌满"每一天的日程而实现的。只有这些最基本的教育常识被人们深刻认同、广泛传播,并形成全社会的共识,"双减"带来的学习革命才会真正发生。

(二) 回归常态:让学校教育呈现应有状态

在"双减"背景下,"超前学""超量学""反复学"的学习状态被按了暂停键,校外辅导班形成的"另一套"教育体系被"雷霆"般地整顿,学校逐渐回归教育的主场,校园生活正在发生着显著的变化。

学校教育回归常态,首先要确立正确的育人价值取向。学校教育是一种价值实现活动,有什么样的价值取向,就会造就一所什么样的学校。有研究人员指出:"我国的教育方针是正确的,但是中小学教育实践中,起主导作用的是升学考试,是考试在指挥教育;学校因此沦为追求考分、培养考试机器的机器。"[1]教育的根本任务在于立德树人,学校教育要从"育分"回到"育人",教育者的重要使命就是"尊重人性,温暖人心,培育人格,成就人生"。未来世界需要的是自我发展的承担者、善于对话沟通的合作者、具有反思精神的创造者。以分数高低为唯一评价标准的教育无法培养出适应未来生活的人,要彻底转变阻碍学生全面发展的教育质量观,学校教

育要彻底转变"重智、轻德、弱体、抑美、缺劳"的现象,要真正建立起支持学生全面发展的"五育并举、五育融合"的育人模式。正如叶澜教授所说:"如果我们要让时代精神转化为学生个体的真实成长,那么,必须使教育目标不仅反映时代要求,而且顾及到生命整体的各个层次和方面,使教育是对整个人的健全教育,而不是只关注某一方面发展的畸形教育。"[2]

学校教育回归常态,就是让学生在校园的学习生活回归到应有的样子。"双减"政策规定了校内教育的"三管""三提",是指以学校为主体,管好教育教学秩序、管好考试评价、管住教师违规补课,提高教育质量、提高作业管理水平、提高课后服务水平。规定的内容原本就是学校教育的应有之义、应尽之责。

在学生的成长中,家庭和学校有各自的责任,家庭应该承担起培养学生良好习惯和品德的责任而不能轻忽漠视、完全推给学校,学校要承担起引导学生求知、培养学生成才的责任而不是把检查批改作业、答疑解惑等各种任务转嫁到家长身上。学校要着眼于学生的终身可持续发展,也要对学生在校的每一天学习生活负责。减掉的是过多、过重、不合理的负担,而不是恰当的、必要的、合理的学习负担。科学的"双减"是当减则

① 忧思与探寻——中国教育学会高中教育委员会"基础教育改革"座谈会纪要[J]. 中小学管理,2005(03):14-15.
② 叶澜. 时代精神与新教育理想的构建——关于我国基础教育改革的跨世纪思考[J]. 教育研究,1994(10):3-8.

减,不是为减而减,如果无负可减,则需增则增。

学生的校外学科培训和校内作业少了,课余时间更自主了,但如果学习效果没有得到保证,学生的素养没有得到提升,那么"双减"改革是无法持续发展的。"双减"所倡导的教育教学要求和建议如果没有落实到课堂教学改革上,没有落实到学生的学习方式变革上,没能形成学校教育生活的新常态,那么它也只能又是一项间歇性发力的政策而已,[①]对于学生发展和学校发展不会起到实质性的作用。因此,学校只有科学合理地安排学生的校园生活,提高每一节课的教学效率,确保学生在校内学足学好,才能真正意义上把学生从校外吸引到校内。

学校教育回归常态,也是对教育的公益属性的坚守,尤其是九年义务教育阶段,曾经有为数不少的孩子认为"我的知识、能力、成绩是花钱买来的",因此,不愿意与他人分享,产生了严重的负教育效果。梁启超认为"亡而存之,费而举之,愚而智之,弱而强之,条理万端,皆归本于学校",学校教育具有神圣性的特征,一个"精致的利己主义者",拥有再多的知识,也难以对国家的存亡、事业的举废、民众的智愚强弱产生更大的影响;而一个受益于学校教育,对母校有着较高的满意度、强烈的归属感和浓浓的眷恋的人,更容易具有深厚的家国情怀,因此,也更有可能成为优秀

的社会主义事业的建设者和接班人。

(三)创新常规:让学校教育对接时代需求

在当前基础教育改革力度加大、政策密集出台的背景下,学校要顺应大势、紧跟时代需求,各项管理常规也要适时修改、与时俱进。通过教学管理、校本教研、课堂变革、作业管理等方面的制度创新,有效落实"双减"的新要求,确保学校在变化中做到有条不紊,提升治理水平。

1 多途径优化作业管理

"双减"政策提出"全面压减作业总量和时长",这就对作业的质量提出了更高的标准,学校应健全作业管理制度,将作业设计纳入教研体系,建立有效的作业教研和监测机制,从根本上保证作业减"量"提"质",并以此作为撬动课堂教学变革的有力杠杆。

其一,加强作业设计的研究,建立"双减"作业教研制度。浦东教育发展研究院对区域"双减"作业教研进行整体规划和设计,指导学校完善作业管理制度,系统安排跨校、跨学科和跨年级等多层面、多主题的教研活动,加强校际间、教师间和学科间的对话沟通,推进"双减"作业专题教研,提升教研的质量和效能。小学教研团队研制了《浦东新区小学作业管理指南》,用作业贯穿教学全过程的思路,从作业设计、辅导反馈、作业评价、作业分析四大方面,12个具体的分项编写指导性意

[①] 杨小微."双减"政策实施研究的现状、难点及未来之着力点[J].新疆师范大学学报(哲学社会科学版)网络首发论文,2022(01).

见,为基层学校研制校本化的实施方案提供了参考。各学段教研员将作业研究融入区域教研活动,通过组织老师开展研讨与实践,对作业设计、实施过程与学业表现进行循证分析,引领教师建立科学的作业质量观,保证作业内容与课堂教学的匹配,提高了教师的作业设计能力。

其二,探索校本化的作业设计,建立作业动态监控机制。浦东新区各中小学探索多样化的作业形式,关注学生的特点和特长,探索分层、弹性和个性化的作业布置,尝试跨学科、探究性和实践性的作业,建立了动态监测作业时间总量机制,形成了丰富的校本作业设计样例,体现了学校作业管理的智慧和创意。例如,上海市建平实验中学制定了《作业管理工作方案》,围绕基础型课程研究编制了各学科的校本作业,以分层的形式满足学生的需求,并在使用过程中根据学情进行动态的调整与完善,目前的校本作业已修订至第四版。学生记录各学科作业用时,班主任协调各学科作业量,年级主任跟踪分析每周作业量,课程教学中心常态监控每月作业量并进行不定期抽查,定期进行学生问卷、学生座谈、家长问卷、家长座谈等方式,发现问题及时整改。上海市进才实验中学加强校本作业的研究,修订完成了《校本精编习题集》,建立了作业使用备案制度、作业公示和检查制度,重点检查作业布置量、分层情况、批改情况和批改后督促学生订正情况。

当然,仅减少作业量只能"治标",而"治本"之策是要落到课堂的实效上来。高品质的课堂建设离不开教师对教学的思考和研究,"双减"之下,我们的老师是否有时间去学习、去积淀?老师们是否有充足的时间进行校本教研修和集体备课?课堂教学是否更高效了?这都是值得进一步追问和改进的问题。

② "课后服务"课程的校本化探索

"5+2"课后服务的模式是推进学校课程改革的重要契机,推动着学校教育内容与形式的扩展和延伸,在一定程度上可以促进学校课程的系统优化,提升学校发展的"软实力"。浦东新区各类学校充分挖掘教师资源、场地资源和课后服务资源,为学生提供营养丰富的课后"自助餐"。例如,进才中学北校采取"基本服务+拓展服务+延时服务"的模式,将社团活动与课后服务有机结合。上戏附属浦东新世界实验小学通过建立弹性申请机制,设计"星舞飞扬""答疑解惑""星动花园"三大内容板块,共计80门课程,满足学生的个性发展需要,让课后服务变得更有温度。张江高科实验小学完成了"课后服务"的2.0升级版,为学生提供了"作业分层辅导""多元课程指导""健康激励引导"三大课程内容。

同时,学校不断探索课后服务机制建设,统筹安排教师实行弹性上下班、调休等措施,尝试教师弹性工作补贴机制和分层分类的绩效奖励,以实际举措减轻教师负担,提高教师承担课后服务的积极性。目前,浦东新区已有129所中小学探索设立弹性上下班机制，138所中小学设立调休机制。例如，傅雷中学采用"积点券"的形式，学期末按照学校当年绩效统一结算，教师可以累积起来结合调休抵用，未抵用的给予一定绩效奖励。

作为一项新事物，课后服务的实施面临着配套政策、学校责任边界、教师工作量核定等多重问题，需要不断研究和进行相关制度的创新。为了有效提高课后服务的质量，学校还需要引进外部教育资源，构建课程研发与审议机制，让学校课程供给更丰富、更优质、更具有选择性。

二、"双减"下的创变

梳理教育领域正在发生的变化，每一项与教育有关的政策举措，都预示着教育发展的风向，埋伏着通往未来教育的线索。围绕作业管理和校外培训两方面的局部改革，难以真正让"双减"产生实效，需要政府及多方力量进行"系统治理、依法治理、源头治理、综合施策"。[①] 浦东新区通过建设多元主体协同协作的综合治理格局，在教学赋能、课程变革、教研转型等关键环节进行系统优化，多管齐下落实"双减"，全面推进高质量基础教育体系的建设。

（一）建设多元主体综合治理的教育格局

"双减"作为新时代基础教育改革的重要战略部署，是对政府、学校、社会、家庭多重关系的重构，带动的是整个教育系统的全方位变革。《意见》中特别强调，要"内外结合、多元协同，引导行政部门、学校和家庭等对于减负形成一致的价值判断和行动共识，力争在遵循科学规律基础上予以有效解决"。[②] 因此，构建政府、社会、学校和家庭等多元主体协同的教育治理格局至关重要。

在政府治理层面，浦东新区教育局立足全区教育改革发展实际情况，科学统筹、整体部署、有序推进"双减"任务落地见效。通过深化学区化治理，加强紧密型学区建设，构建多元主体共同参与的学区治理委员会，研究制订创建工作方案3.0版，遴选试点单位，着力提高薄弱学校办学质量，提升集团成员学校校际均衡水平；通过加强作业管理与科学研究指导，完善作业管理制度，对学校作业管理、课后服务工作方面达标情况进行检查；通过案例评选、绩效奖励等激励性措施确保"减负增效"守住底线，不设上限，满足学生发展需求。

在专业服务层面，浦东教育发展研究院充分发挥专业引领的作用，除了推进"作业管

[①] 《习近平总书记系列重要讲话读本》全文[EB/OL]. (2014 - 10 - 13)[2022 - 01 - 16]. http://www.xinhuanet.com//politics/2014-10/13/c_127090941_9.htm

[②] 中共中央办公厅　国务院办公厅印发《关于进一步减轻义务教育阶段学生作业负担和校外培训负担的意见》[EB/OL]. (2021 - 07 - 24)[2022 - 01 - 16]. http://www.moe.gov.cn/jyb_xxgk/moe_1777/moe_1778/202107/t20210724_546576.html

理"和"课后服务"等方面的研究、实践与指导,还立足于数字化优质教育资源的建设,研制了区域"名师面对面,慧学促双减"课程。以初二、初三年级学生为辅导对象,重点突破相关学科单元教学的重难点问题,设计专题引导学生梳理问题、分析问题、探寻解决问题的思考路径,为学生提供公益性的视频课和个性化辅导,促进优质教育资源的共享。同时,开展区域层面的课外活动,为学生营造轻松愉快的学习氛围。例如,浦东新区教育局图工委和浦东教育发展研究院共同举办了"悦读悦享,我为同学荐本书"读书荐书活动,邀请全区中小学生过一个"书香国庆",选一本心仪的书潜心阅读,撰写或制作荐书作品,向同龄人作推荐,短短 10 天里就收到了14 486 份推荐,极大调动了全区青少年读书的热情,引导学生有效利用课余时间,积极参与各类实践体验活动。

在家校社协同治理层面,通过校际间、家校社合作等方式促进信息互通和资源共建共享,建立"办家门口好学校"的组织制度,促进学校治理结构的完善。借助家长、社区、第三方组织等多方面的资源,丰富学校的课程资源,拓宽学生的学习边界。例如,上海市实验学校教育集团,提出"百家实践课程"的概念,邀请社区和众多有专业特长的家长与教师共定课程方案,为学生开设实践课程,家长和社区参与评价的全过程,有效推进家校社的合作治理。建平实验小学开展家校社合作的经典诗文阅读特色活动,邀请家长志愿者进校为学生做相关讲座,在社区中开展交流活动。

(二) 以教学创新赋能学习方式变革

如前所述,脱离课堂教学改革的"双减"是无力的,最终我们还要聚焦在课堂教学的创新与实效上。2021 年,联合国教科文组织在《共同重新构想我们的未来:一种新的教育社会契约》报告中提出,"教学法应围绕合作、协作和团结等原则加以组织;课程应注重生态、跨文化和跨学科学习,以帮助学生获取和创造知识,同时培养其批判和应用知识能力"[①]。面向未来乃至 2050 的教育,必须变革教与学的方式,以创新型人才培养为目标,建设更加高品质和高效能的课堂样态。

其一,将项目化学习作为落实"双减"的抓手之一,变革教师的教学方式,引发学生的深度学习,培养学生的动手实践能力、高阶思维和综合素养。浦东新区义务教育项目化学习项目组以"创造性地解决问题,变革育人方式"为推进目标,以活动项目、学科项目、跨学科项目为载体,引领项目化学习"种子校""实验校""创建校"推进项目化学习的实践和探索,取得了阶段性成效。例如,六师附小以培育学生创新素养为导向,围绕"校园改造家"的主题,结合学校十四五规划中"五大工程"建设,设计了"玩转·芳菲课间""乐享·芳菲

① UNESCO | 共同重新构想我们的未来[EB/OL]. (2022 - 01 - 3)[2022 - 01 - 16]. https://page. om. qq. com/page/OvZrQUD_40IeNIIU1yiGL57w0

餐盒""遇见·芳菲书舍""悦动·芳菲时光""滋润·芳菲心灵"五大活动项目,将学科综合学习融合在学校生活中,引导学生在活动中解决问题。建平实验中学采取"由点到面、全方位、立体化"的策略推进项目化学习,在学科融合、场馆建设、课程开发、资源挖掘等方面不断探索,逐步走出了一条"从精英特需到大众普惠,从赛事驱动到课程建设,从边缘活动到主流学科,从单一科技类项目到学科融合"的项目化学习校本化探索之路,为学生开启了通向未来教育的一扇门。

其二,以培养创新型人才为目标,探索区域特色综合课程建设。作为新时代深化基础教育课程教学改革的重要突破口,浦东新区"基于区域特色的学校综合课程创造力培养研究与实践"项目,逐步构建了以"融·创""航·创""科·创""文·创"为特色的浦东综合课程体系,并通过四大特色课程联动小学、中学,力求实现12年贯通设计。在课程实践过程中,建构了大学、政府和学校之间(UGS)合作伙伴关系模式。通过"区域创思""学校创行""智力创能",建立了校长、教师、学生"三位一体"的区域特色综合课程创新主体,形成以学生发展为本,教师培训、学校发展、区域特色教育资源统整相结合的区域特色综合课程创造力提升推进机制,拓展区域与社会专业机构、海外教育组织的交流合作机制,为校长和教师赋能,催生了教师的创造

力,提升了学生创造性解决问题的能力和实践能力。[①]

其三,在国家全面启动新一轮"双新"课改的背景下,浦东新区正在探索打造以学生为中心的课堂,以学生的学习方式变革为重心,探索符合时代特征、浦东特点、课改要求的"动力课堂"。浦东教育发展研究院逐步完善多层次多类型教学调研,开展专项调研、综合调研、蹲点调研和跨部门联合调研等,形成有质量、有深度的调研报告。针对调研中发现的问题和短板,及时提出有针对性和建设性的改进举措,提炼出若干专题作为常规教研的重要内容。

(三)以教研转型带动教学实践转化

"双减"对区域教研提出了更高的要求,教研机构要进一步提高区域教研的科学性和有效性,构建区校联动的质量保障体系,又要服务学校教育教学和管理决策,指导学校建立高效、务实的校本教研制度。

其一,构建"教研立交桥",推动"大区全覆盖和精准化相结合的教研转型"。针对浦东新区教育面广、量大、差异显著的特点,浦东教育发展研究院将从以下几方面重点探索教研模式的转型:一是在人员方面,建立由专职教研员主导、以特级教师、正高级教师、学科带头人、兼职教研员为主要力量的立体式教研团队,赋予工作任务,建立考核机制和奖

---

① 上海浦东教育.创思·创行·创能——"基于区域特色的学校综合课程创造力研究和实践"浦东实验区推进交流会顺利举行[EB/OL].(2020-06-22)[2022-1-16] https://www.sohu.com/a/403565301_650212.

励机制。二是在层次方面,构建区域、学段管理中心、集团、学区等多层次教研活动认定机制和教师成果认定机制,进一步扩大供给,增加机会,激发多层次开展教研的动力和活力。三是在平台方面,建设功能强大的信息化、智能化的教研线上平台,既能容纳 1 000 + 教师线上统一教研,又能通过主平台和若干分平台有组织的互动对话,构建总分结合、上下互动、共性个性兼顾的线上线下相结合的新型教研模式,增强教研的统一性和针对性、有效性。四是在组织方面上,通过与市级教研机构的合作联动,提高学科教研员专业水平和综合性、专项性工作的研究和设计能力,推动学科中心组功能从重事务向重研究和重服务转型。

其二,加强对校本教研的指导。学校教研组是影响教师专业成长、课堂教学品质提升的重要力量。作为区域教研机构,必须要深入学校,立足课堂,关注教师,聚焦学生,优化学校的教育教学工作。一是要规范学校教研组建设,指导学校制定课程教学管理规程、教研组建设规程和备课组建设规程;二是培育学校教研骨干力量,通过开展课程教学管理干部、教研组长和备课组长等专项业务培训和主题研修,打造区域教研共同体;三是搭建共享智库,形成资源共享平台。通过开展区域优秀教研组和备课组的评选,总结和推广以校为本的优秀教研个案和有益经验,发挥典型示范和引领作用。

三、"双减"后的展望

着眼未来,"双减"的真正落地关键是要和教育评价改革同频共振,要以更高质量的育人模式、更高水平的教师队伍、更优质的教育资源作为强有力的支撑,创造良好的教育生态。

(一) 以评价改革引领"双减"持续发力

"教育评价事关教育发展方向,有什么样的评价指挥棒,就有什么样的办学导向"[①],"双减"政策为推进教育评价改革提供了重要契机,教育的良性发展需要从根本上扭转教育评价体系中"唯分数""唯升学"等不良导向。

首先,多元考核,完善学生综合评价体系。要想扭转应试教育的倾向,首先必须改变以试卷考核为主的单一评价模式,形成综合素质考核的多元评价模式。2021 年 12 月,《浦东新区深化新时代教育评价改革行动方案》正式发布,明确提出了要构建"五育并举"综合评价模式,建设涵盖道德素养、学习素养、体育素养、美育素养、劳动素养的综合评估指数管理大数据平台,不断完善学生综合素质评价,优化初高中综合素质评价内容,

① 中共中央 国务院印发《深化新时代教育评价改革总体方案》[EB/OL].(2020 - 10 - 13)[2022 - 01 - 16]. http://www.gov.cn/zhengce/2020-10/13/content_5551032.htm

升级学生综合素质评价信息管理系统，创新德智体美劳过程性评价办法，构建学生成长数据档案，建立学生多维数字成长画像，形成"五育融合"、中小幼纵向衔接、课内课外横向连通、学校家庭社会协同联动的全员、全过程、全方位育人体系。[①] 努力转变"以分数论英雄"的评价方式，通过运用"多把尺子"衡量学生，让每一位学生找到自信。

其次，科学测评，健全评估反馈机制。"双减"不是取消考试，而是要在考试内容和评价方式上进行变革。从区域层面要进一步健全评估反馈机制，以科学诊断促评价提质，对学校进行精准指导。一方面，加强考试管理，提高命题水平。对学生进行科学合理的测评，既注重考查学生基础、基本技能，又注重考查思维过程、创新意识和分析问题、解决问题的能力，以此诊断教情学情。浦东新区教研团队将更加注重命题指导，通过专题研讨、集体磨题、团队合作来提高一线教师命题的质量和水平。另一方面，严格执行等第制评价，加强学校评价的督导。中小学校要进一步细化等第制评价，明确等第比例，不搞分分计较，不用分数来打压学生。浦东教育发展研究院围绕"双减"开展学校调研，形成一校一报告及区域报告，并对学校开展一对一的问题反馈。对薄弱学校开展蹲点指导。

最后，专业引领，指导学校建立自我督导体系。在传承、创新"学校发展性督导评估"

实践基础上，浦东新区将进一步完善以学校自评为基础、内部评价与外部评价相结合的学校督导制度，推进学校自我督导体系建设。筹备成立浦东教育评价中心，设立于浦东教育发展研究院，开展区域教育评价改革路线图的整体设计与实施。同时，进一步细化与联合国教科文组织教师教育中心、清华大学教育研究院、华东师范大学基础教育研究所、上海师范大学、北京市海淀区教师进修学校、上海市教委教研室等高校或专业研究机构合作项目，探索学校高质量发展自评机制，优化学校内部治理结构。

（二）以师训新架构优化教师梯队建设

提升课堂教学质量的关键在于提高教师队伍素质，而"双减"政策的推进对教师队伍提出了更高的要求。面对新的挑战，要找准教师队伍建设的着力点，进一步优化专业发展平台，完善教师培养体系，促进教师的内驱式成长。浦东教育发展研究院将立足教师专业梯队培养模式的优化，建立更加开放的"大师训"新架构，充分激发教师的内生动力，提升教师的专业素养。

一是坚持高端引领、梯队培养、典型培育的基本策略。推出"萌师计划""明师计划"和"望师计划"系列培养计划：将教学新苗、青年新秀的培养纳入"萌师计划"，将领军人才后备、学科带头人和骨干教师纳入"明师计划"，

---

① 中共上海市浦东新区委员会，上海市浦东新区人民政府.浦东新区深化新时代教育评价改革行动方案.［2021－12－1］

将特级教师和正高级教师纳入"曌师计划"，优化培养目标明确、培养模式清晰的专业梯队培养模式。

二是深化更加开放的研训一体化模式。建立学科教研的教师专项培训项目群。基于新一轮课改的要求和教学实际，实施在全部学段和部分学科探索开展双周常规教研与单周教师团队研修项目，实施以科研学段中心组和青年科研骨干队伍建设为重点的项目，分别由教研和科研部门负责策划和组织实施，由师训部门负责项目立项管理、结项管理、学分管理和经费管理，以项目方式促成"教研训"一体化落地生根。

三是构建及时回应新要求的师训课程。建立精品课程建设的迭代升级机制，构建聚焦新课改需求、系统完备、快捷升级迭代的精品课程体系。加快建设项目化学习教师队伍培训课程，开发跨学科教师队伍培训课程，艺术、综合教师队伍培训课程，心理健康教育教师全员培训课程，全员导师制管理者队伍培训课程，家庭教育指导专题培训课程，德育干部、班主任、团队干部分层培训课程。全面启用教师专业发展信息化系统，推进教师专业发展支持系统数字化转型。

"双减"的真正落地是一个系统优化、综合治理的复杂过程，我们在积极推进的同时，也不能回避这一政策带来的不适应性。然而，正如哲学家爱默生所说："如果一个人选择一个时代来降生的话，那么他一定选择一个变革的时代。在这个时代里，所有的人的经历都浸透着恐惧和希望。新的时代丰富的可能性岂不就补偿了过去时代的已逝的历史荣耀？这个时代像一切时代一样，是一个非常好的时代，只要我们知道怎样对待它。"在这教育变革的新时代，教育人在守常中不断创变和完善，满怀希望向未来，全社会共同努力办"人民满意的教育"。

学校作为

1. 学生作业研究的学校作为

——以上海市静教院附校为例

张人利

提　要:"双减"政策直指学生作业这一"学业负担"过重中最突出、最敏感、最显现的教学环节,体现了本轮"减负"改革之精准。 上海市静安区教育学院附属学校遵循教育规律,科学研究、精致化管理学生作业,既控制学生作业的量,又针对作业设计、作业布置、作业批改、作业跟进开展深入研究,还增设学生的体育作业、劳动作业、艺术作业、思辨作业,构建主题性、实践性、研究性和跨学科课等多样态的学生作业体系。

作　者: 张人利,特级校长,正高级校长,上海市静安区教育学院附属学校校长

减轻学生过重学业负担的提出,可以追溯到上世纪 50 年代,几乎每届政府都有要求和举措。然而,潮起潮落,此起彼伏,总体收效不大。这次"双减"政策的教育改革力度之大,作用面之广和指向弊端之精准,可以说是前所未有。讲"精准"两字是有道理的,"五项管理"和"双减"都直指学生学业负担过重中最突出、最敏感、最显现的教学环节——学生作业。对于学校,减少学生过重作业负担,全面提高教育质量,不仅是行政指令的执行,更是一项极其艰巨、相当复杂的学校教育实践研究的课题。本文以上海市静安区教育学院附属学校(以下简称静教院附校)为例,阐释上海一所公办九年一贯制学校在学生作业设计和管理方面的多年研究和实践作为。

一、学生作业研究的背景

何为作业?《辞海》的界定是:"为完成生产、学习等方面的既定任务而进行的活动。"何为学生作业?《教育大辞典》的界定是:"完成学业任务的作业分为课堂作业和课外作业两大类。课堂作业是教师在上课时布置学生的当堂进行的检测和练习,课外作业是学生在课外时间独立进行的学习活动。""双减"文件明确的作业量是课外作业,且为课外书面作业,初中生平均每天 1.5 小时,小学生平均每天 1 小时。为什么要"减"了,说明大部分,或绝大部分的初中、小学的课外书面作业量是超过了这个平均值。但不表示所有中小学的课外书面作业都要减少,且减少量都一样。

因为当前各校学生作业量的现状是有差异的。纵观静教院附校，学生课外书面作业量已基本上得到了控制。其原因在于20余年来，静教院附校在课程与教学改革上主要作了四个方面的实践研究，且取得了积极的效果。

（一）提出并探索学校课程与教学改革的基本理念

按"最佳发展期"授课，创"最近发展区"施教。课程设置应有三方面的考虑，学科、社会和学生。20多年前的现状是考虑学科太多，考虑社会不够，考虑学生太少。学生在什么年龄，学习什么内容，学到什么程度，应该是有其自身规律的。例如，有理数的加减法在小学阶段教学56课时还不够，到了中学26课时就够了，自然放在中学教学合理。有的内容可能并不是费时多的问题，而是很难学会。鉴于以上思考，探索在小学阶段加强形象思维比较强的语言、文字学习，减少抽象思维比较强的数学学习，坚决不在小学阶段开设所谓"奥数"。同时，探索创"最近发展区"施教。实践研究认为，最近发展区大小因人而异，并且，与我们的教学有关。实践研究不但在语、数、外等学科课程，而且还积极进行德育课程改革，实践研究成果《"双主体"德育课程的构建》获首届上海市市级教学成果一等奖。以上多项改革总体效果显著，受到中央领导和教育部领导充分肯定，并且引起了包括《人民日报》《中国教育报》《人民教育》《解放日报》等全国、上海主要媒体的高度关注，报道的主题是"轻负担、照样高质量"。

（二）后"茶馆式"教学改变课堂教学的逻辑结构

从由授课教师认为的学科体系为线索进行讲解，到遵循学生认知规律，在教师的帮助下，让学生自己进行建构，并且归纳包括2个基本特征、4个教学方式、8个教学策略、2个教学手段和N个教学方法的教学操作体系。这项教学改革，确实具有颠覆性。虽然改革艰苦，但产生的效果显著。从物理学科，到数学、化学，从理科推向文科，又从中学推向小学。这里应该阐释的是，后"茶馆式"教学的教学手段之一，"脚手架"的创设；教学的策略之一，课堂教学与教学评价融为一体等，这些都涉及了课内的问题、习题，即课内的学生作业。课内外作业研究是有联系的，因此，课内外作业也都成为后"茶馆式"教学研究内容。由于后"茶馆式"教学的显著效果和广泛深刻影响，被评为教育部教学成果一等奖、国家级教学成果一等奖。

（三）深度整合式教学：国家综合课程统整实施新样态

遵循课程标准或教学要求把自然、科学、社会、道法、劳技和信息技术等国家综合课程，以主题引领，进行全员、全面、全程统整实施，整合教学内容、整合教学方式和整合教学评价。其中，教学方式不是单纯的从一种教学方式转变成另一种教学方式，而是把主题性教学、实践性教学、研究性教学和跨学科教学等多种教学方式进行整合优化实施。教学评价也从过去单一的结果评价、量化评价到更加强调过程评价、描述评价、表现评价和增值评价。很自然,这项改革对学生的作业必然产生带有根本性的变化,即作业已不局限于纸笔作业的形式。

(四)科学育人:关键领域校本学生评价的变革

聚焦学生学业成绩、学生学业质量和学生综合素养三个教师、家长和学生敏感,科学育人又十分关键的领域进行校本学生评价的变革。学生作业的功能是多方面的,教学评价一定是学生作业的一个重要功能;学生作业的形态是多方面的,有书面、有口头、有实践,学生作业一定不是一种形态;学生作业的内容也是多方面的,不但有智育,一定还有体、劳、艺等方面的作业。如果这样理解学生作业,静教院附校的这项变革为学生作业的全面研究产生了积极导向作用。

二、静教院附校学生作业量的控制

为什么说静教院附校学生的作业量已经得到了基本控制呢? 有依据吗? 中央文件又为什么规定每天课外书面作业初中生平均1.5小时,小学生平均1小时呢?

(一)关于教育规律和教育规律的应用

教育规律的阐述有所不同。如果查阅"百度百科",许多校长、教师很难理解,更不具有操作性,因为它是从哲学高度的提炼。这里试图以"结果"视角加以阐释:"教育规律

为教育中成功的大概率事件。"根据这个界定,那么教育规律应该反映四个方面:①教育的成功一定是有价值取向的。例如,减轻学生参加校外培训机构学习的负担,形成中小学的"5+2"模式,即每周五天课内学习之外,每天增加2个小时的课后服务。有人问,这2小时的课后服务能代替校外培训机构吗? 我们认为不能,因为,取代的是时间,取代的不是目标,培养人的价值取向不一样。②按教育规律办,不一定能保证人人成功。有人问:你校推行后"茶馆式"教学,能保证每堂课每位学生都学会吗? 我们的回答是:不能。但是,我们有充分的证据表明,推行后"茶馆式"教学后,每堂课能学会的学生数量显著增加,而且学生更会学了。当然,也说明课堂教学之外的辅导必不可少。毫无疑问,后"茶馆式"教学比教师一讲到底的课堂教学更符合教育规律。③不按教育规律办,也有可能成功。我校有一位学生,小学阶段学业成绩平平,但进了中学后突然对数学(诱发因素可能很多,很复杂)感兴趣。家长告诉学校,他每天在没有教师和家长要求下自觉做2小时以上的数学题,不做甚至浑身难受。初三毕业,参加高中数学竞赛获二等奖。那么,每天做2—3小时的数学题是否为规律呢? 显然不是,这一定是小概率事件。④公共教育一定要按教育规律行事,这符合公共教育的本源。如果我们是这样认识教育规律,那么教育规律不是演绎出来,而是归纳出来的。其实,自然科学的许多规律也是归纳出来的,杨振宁

就认为,物理学的规律更多的来源于归纳。后"茶馆式"教学就是教育规律下属的认知规律的探索与归纳,在归纳出这些教学成果后,还成功地应用于其他学校,说明它有普适性。

(二) 基于规律的学生作业量有效控制经验

经合组织学业质量评价 PISA,公布的一个量值可供参考,他们从几万、几十万学生的测量后得出的结果是 15 周岁的孩子,一周学生课外作业的总量最好不要超过 11.2 小时。即在 11.2 小时之内时,学生作业量越多,学业成绩越好;超过 11.2 小时之后,学业成绩的提高显著变慢,再增加作业量,可能会适得其反。当然,一般说年级越低,作业量应该越少。其实在教育心理学上早就有一个公认的"高原现象",阐述了这个教育认知上的规律问题。只是对学生的作业量与学业成绩关联的拐点没有出来。教育规律需要归纳,需要一定数量的归纳,一般说数量越多,规律性越强。PISA 测试的数据是足够大的,可以说规律性还是强的。上海市"绿色指标综合评价"测试的结果,这个拐点的数值略大些,则说明在不同地区的人群还会有差异。上海市在 PISA 测试中,虽然各门学科成绩斐然,但学生每周作业量在 13.8 小时、13.9 小时左右,超过了最佳值。我们参加上海市历届"绿色指标综合评价",学生的课外作业都低于上海市平均值 20% 以上,这可以认为静教院附校的学生作业量基本上得到了控制。这里我们也可以认为中央规定的初中生每天课外书面作业平均 1.5 小时、小学生平均 1 小时也是

教育规律的阐释。

三、静教院附校学生作业量的管理

一个学校的学生作业量基本得到控制,那么学校在学生作业上还应做怎样探索?又应该以怎么样的精致化管理让每个年级、每门学科、每位学生安排更加合理的作业量?

(一) 建立并完善学校各年级各学科学生作业的油印量"常模"

在不使用教辅材料的前提下,教师布置学生课外书面作业的形式多样,有油印、复印和微信等。复印占比不大,面对的是少数学生的需要。当微信等被控制之后,主要的形式是油印。可以说油印量反映出学生的书面作业的量。自然,这个量一般是在一个学科内的相比。如同样数量的外语卷与数学卷学生花费时间是不同的,同一张卷子一般数学用时大于外语,但对同一学科,卷子数量有一定可比性。我校要求所有需要油印的卷子都要通过校园网传送,这不但控制了付印卷子的时间,而且记录了各年级、各学科的试卷数。这样,逐步形成了油印卷张数的"常模"。以此常模来衡量教师的印卷数量,从而比较精准地控制到各年级、各学科学生书面作业的数量。

(二) 建立学生作业量控制的学生和家长"两个举手"制度

规定的 1.5 小时和 1 小时是平均值,是大部分学生的书面作业量,是适合学生的大

概率用时。然而,同一项作业,不同学生的用时差异甚大。静教院附校曾做过一项教育实验,以"可以做些未立项的教育小实验"为题发表在《上海教育》2012年第12期。其中,在小学二年级做了一个教育实验,主要考虑进入系统学习时间不长,学业基础差异不大。要求一个教学班的学生进行一次比赛,给他们一首由10行字组成的诗,其中都是已学过的常用词,看谁能在最短的时间内把它默出来,且不能出错。规则是自己先读,读至自己能默写,开始默写后不能再读。结果,全班学生中最快的用时8分钟,基本正确;最慢的用时40分钟,近一半是错的。静教院附校是公立九年一贯制学校,小学全部对口入学,且均衡分班,可以认为学生的原有学业能力是正态分布的,有普遍性。当然,这例子并不代表所有作业学生花费时间差距都在五倍,只是说明学生作业用时因人而异,差异很大。这样,静教院附校建立了"家长举手"制度。如果某天自己的孩子做得确实很晚(这晚也因人而异,由家长定),家长发个微信给老师,学生作业可以迟交,或不交。另外,在各学科老师布置学生课外作业之前是很难事前全部研讨之后,再布置的。学生课外作业最多的一般都在考试之前。但考试之前,教师布置的作业,往往是学生当天作业的及时反馈,因此商量之后再布置的操作性很小。静教院附校又建立了"学生举手"制度,即当一天中第一门学科作业布置多了,第二门学科作业布置也多了,当第三门学科还要多布置作业,班级

学生可以举手,告诉老师,"我们难以完成了"。教师就应立刻"刹车"。"家长举手"制度,本质在关注"人"与"人"的不平衡;"学生举手"制度本质在关注"天"与"天"的不平衡。这一制度的落实由校学生处督办。定期召集家长、学生开会,保证落实。

另外,教育部规定的校内的学生作业公示,不但用于教师之间的交流,与以上举措形成多管齐下,而且更多的用于积累之后的教师研修。

(三) 视不同学业基础的学生布置不同课外作业

学生完成课外作业的时间长短与学业基础有关,但不一定成因果关系。即,花时多的不一定是学基础差的;花时少的,也不一定是学业基础好的。为了个性化控制作业量,对部分学科(如数学)、部分学科的部分内容进行作业分层。

静教院附校把作业分层简化为做"加""减"法,即教师先设计整体作业,对一些学有余力,学业花时特别少的,可以在学生自愿的前提下,提供一些"荣誉作业";对一些学业基础弱,作业费时特别多的,在整体作业中减去一些难的、繁的题目,保证这些学生能在不太长的时间内,自己完成作业。这种"加""减"法的作业分层,教师费时不多,收益大,操作性强。

四、静教院附校学生作业质的提高

减轻学生过重学业负担,不是目的,目的

是为了提高教育质量；"双减"的根本目的也是为了提高教育质量。学生的课外作业为"双减"的关键词。因此，完全应该以提高学生作业的质来进一步控制好学生作业的量。如果说控制学生作业的量是一项艰巨的学校教育实践研究，那么提高学生作业的质是更为艰巨、更为持久的教育实践研究。

(一) 学生作业设计的研究

学生作业分课内作业和课外作业。课内作业，我们在后"茶馆式"教学中，作为一项重要的研究内容，总结出"问题群、问题链和问题组合"的研究。这里主要研究的是课外作业。课外作业，又有日常作业、单元练习、测验和考试等等，其中，考试命题为最综合、最敏感、最复杂的设计研究，需要重点研究，又可以认为考试命题研究直接影响到单元练习和日常课外作业等设计。这里例举基于证据的试卷命题的改进研究。静教院附校教师每人独立命一份期中考试卷，交 A 区教研员（学科专家）评析。然后，由 A 区教研员为我校各年级、各学科期终考命题，用后对话。基于证据，同样的方法用在 B 和 C、D……区上。当上海市推进初中强校工程等项目时，静教院附校教师，又为这些学校命题和进行对话。评价素养是教师专业发展的一个重要方面，专业发展又有三个方面，自我修炼、得到别人帮助和帮助别人，这在我校充分得到了应用。目前，上海市"绿色指标综合评价"已经把教师的评价素养归入学校评价，静教院附校在这项指标上，指数高于市平均

30%。在深化课程改变的过程中，学科核心素养的培养必然影响到教学评价，作业设计研究的迫切性会更加凸现。

(二) 学生作业布置的研究

同一个班级，数学和英语两位教师都准备了"荣誉作业"，但由于布置的方式、方法不同，效果完全不同。英语教师对全班同学说："我准备了一些'荣誉作业'，有需要的同学可以来拿。"结果效果不理想。数学教师定了奖励"荣誉作业"的制度："单元练习××分以上，且在日常作业中连续×次不出现错误的可以奖励一份'荣誉作业'。这些'荣誉作业'量不多，但有一定难度。虽说难，但学有余力的同学通过自己努力还是能够解出来的。"结果，与英语学科效果完全不一样，学生抢着做，不感负担，真成了奖励！何故？分析一下，数学教师布置方式、方法完全符合社会心理学原理：不容易得到，就会珍惜；富有挑战性，能激发兴趣；取得成功，容易收获喜悦。同样，对作业做"减法"的学生也一定要关注布置的技巧，才能得到教育期望的效果。

(三) 学生作业批改的研究

学校要求初中一学期语文学科学生作文 8 篇。然而，从家长、学生反馈看有一位语文教师王××，一学期的学生作文数仅 5 篇，甚至更少。家长、学生都没意见，相反都说这位王老师的做法是对的。为什么？王老师对学生作文的批语常常比学生自己写的字数还要多，如果还不达要求，常常面批。她的教学目标很清楚，不是"写过了"，而是"学会了"。王

老师所带班在中考中取得语文整体高分。学校安排王老师在全校大会上讲解,她认为作文的批改除我们通常认为的功能外,还可作为师生情感交流的渠道,让学生真心喜欢王老师。之后,语文教研组组织多次校本研修,专题研讨怎样的作文批改更有效。其实,在中小学学生作业的批改中,作文批改是最费时的。因此,学校抓了语文批改,深刻地影响着其他学科、其他年级。教师的共识是学生作业批改是值得研究的。

(四) 学生作业跟进的研究

我们把过去的"反馈"改成了"跟进"。这一学校作业管理上的改变是从外语教师沈××的一篇论文开始,她认为的初三英语作业批改之后应该包括三项教学工作:其一,不同重现。初中阶段是基础教育学生学业基础差异最大的学段,即使到了初三有人还是不会做错题整理,但这些学生错的题目又不一样,教师可以帮助这部分学生呈现不同题目,针对性纠错。其二,稍改重现。即使错的题目一样的学生,犯错的原因还不一样,稍改重现,可以暴露学生不同的"相异构想",进一步寻找错误原因。其三,题目重构。一次练习的作用可能还不局限于这张卷子的本身,如果能在某些题目上重构,也许能培养更多的学习能力。自然,这位教师已经不是停留在"反馈"上,不只是让学生知道正确的答案是什么,而是针对性很强的作业批改后提高。学校又从一位教师、一门学科推向全校。

学生作业质的提高,作业设计、命题素养提高只是其中一个环节,只有对作业的设计、布置、批改和跟进做全面的深入研究,才可能真正提高学生作业的质量。

五、静教院附校学生作业形态多样

"双减"确切的说是减去不合理的过重学业负担;减少课外作业,确切地说是减少不合理的过重书面作业。从五育并举、培育学生关键能力的高度,广义地理解学生作业,有的作业不是太多,而是太少了。以下例举在"双减"背景下,静教院附校增加的学生作业。

(一) 学生体育作业

布置体育作业,特别是暑、寒假布置体育作业更为重要,因为假期中家长很少布置体育家庭作业,开学后,往往显现出来。那么,什么样的体育作业更好呢? 我们认为好的体育作业既能科学运动,又能让学生喜欢,而且不受场地限制。我校体育教师自编的"J操"就符合了以上要求,其本质是一种体育舞蹈。而且还把"J操"编成 1.0 版、2.0 版……,学校还举行了"J操"比赛。甚至把跳绳也分等级,对应不同颜色,激发学生运动兴趣。

(二) 学生劳动作业

学校除了必修的劳动技术课作业之外,还定期布置校内外其他劳动作业。校内劳动作业主要是图书馆、实验室等地方的清洁工作,校外劳动作业可以是敬老院打扫等。

(三) 学生艺术作业

每学期每个班需要向全校进行艺术演

出,学生称"明星闪亮 30 分"。为了这 30 分的艺术表演,往往倾注着全班同学的心血。之前他们必然做大量的集体的艺术作业,有策划的、有组织的、有宣传的、有演出的、有主持的,也有欣赏的。同时,把这次的表演视作表现性评价。

(四)学生思辨作业

学校定期组织针对社会热点的思辨活动,吸引全校学生观摩。思辨的评委也是学生,只是思辨的题目确定往往得到教师的指导。毫无疑问,学生之前都有所准备,这种准备也是一种学生作业,与学校演讲比赛一样,锻炼的是口才,是思维,是逻辑推理,是对伦理道德的认识和远大理想的追求。

(五)学生主题性、实践性、研究性和跨学科课作业

学校探索的"深度整合式教学——国家综合课程统整实施新样态"研究布置给学生的作业已经完全不是"写作业"了,而是在"做功课"。学生要完成的是小制作、小发明、小论文、小调查等。有的是个体完成,有的则需多人合作完成;有的是第二天就能完成,有的则需要多天之后才能完成。这些学生作业直指创新、合作、职业等关键能力的强化培育。

以上多样形态的作业又作为学校研究"科学育人:关键领域校本学生评价的变革"的重要组成部分,丰富了研究内容,而且纳入学生综合评价,与上海市中考制度改革对接。

学生作业,其实只是教学中的一个环节,然而,就是这么一个教学环节,可以牵一发而动全身。作业不但与自身研究有关,而且还与课程、教学、评价研究有关,国家政策抓住了减轻学生过重学业负担、提高教育质量,可操作、易显现的关键教育领域。但对每一所学校而言,学生作业的实践研究还任重道远。

2. 重构校园生活的学校探索
——上海市延安初级中学的案例

许 军

提 要: 落实"双减"政策需要以教育教学改革为着力点,依靠提升学校管理的方法论。上海市延安初级中学从方法论角度理性思考,认为学校落实"双减"政策,关键在回答好"减什么"和"怎么减"这两个基本问题。通过重点解决学什么、怎么学、在哪学、怎么评等一系列复杂问题,统合好这些要素的关系,就是解决学校落实"双减"难题的思路和举措。

作 者: 许军,特级校长,正高级校长,上海市延安初级中学校长

"双减"工作不仅是党和政府高度关注的重大民生工程,而且会深刻地影响整个教育领域,促进教育体系结构优化。一如改革开放初期,国家对国民经济实行的"调整、改革、整顿、提高"八字方针,"双减"政策就是这八字在教育中的体现。

一、认识与思考:提高站位,凝聚共识

"双减"政策发布后,延安初中人意识到,为了强化学校育人主体地位,需要第一时间组织学习研讨,致力于提高思想站位,深刻认识领会政策内涵及其意义。

其一,落实"双减"政策是为改善教育生态的组合拳。基于对近年来校内外教育发展的情况分析,我们认为,"双减"政策有着深刻

的现实意义。从根本上说,"双减"政策的目标指向在于全面贯彻党的教育方针,管好校外教育,突出立德树人,优化校内教育,落实五育并举,形成内外兼顾、双管齐下的教育治理组合拳。"双减"政策将大力提高校内教育教学质量的"增效"与治理校外培训负担的"减负"紧密结合,体现了党和政府努力营造更好的教育生态,减轻学生过重的学业负担,促进学生健康成长的决心。

其二,落实"双减"政策要以教育教学改革为着力点。我们意识到,"双减"工作的着眼点在于扭转长期以来人们对"题""考""分"的过度关注,推动教育教学过程从解题向解决问题转变,从研究考向更多地研究学转变,从对分数的高度关注向高度关注人的素养培育转变。因此,落实"双减"政策的着力点就

必须落在加强教学研究,提升课堂教学质量;提高课后服务水平,满足学生发展需求;改进教育评价,减轻考试压力等具体措施上。只有当课内学习和课后服务优质高效,作业布置更加科学合理,既能支持学生发展综合能力,又能使他们胜任更高要求的学习,能应对高一级学校选拔,家长和学生的校外培训负担、家庭教育支出和家长相应精力负担才有可能有效减轻,从而缓解社会焦虑。

其三,落实"双减"政策依靠提升学校管理的方法论。"双减"工作是一项旨在"为了每一个孩子更好地成长"的系统性工程,是对学校课程教学及学校管理新的再系统化,对学校教学组织实施、课程教学、教育资源整合、教师专业发展、家校社共育等方面提出了更高要求。

图1 学生感受信息图

在落实"双减"政策增加课后服务 20 天的 9 月下旬,我们把调研学生对"'双减'之后你的感受如何?"的数据做成了一张信息图(图1)。从图中不难发现,同样的举措,不同学生的感受大不一样。深入分析发现,课后服务时段学习效率高的同学,因为有充足的时间在学校完成作业,感受到作业少了,感受到轻松了很多。但是,不适应放学时间、作业时间变化的同学,周一到周五晚上继续上网课的同学,会有压力变大的感受。

由此,我们意识到,从方法论的角度看,落实"双减"政策不能简单从事,更不能一刀切。要依靠理性思考,不减不行,只减不行!要有科学的方法,尤其是课后服务,要有理性,可接受;要有内涵,可持续;要有方法,可落地。为此,我们把课后服务分为三个时段:第一时段五十分钟,安排学生在老师的帮助和指导之下完成作业,力求做到校内完成大部分作业,难题不离校,原则是"应留尽留"。第二、第三时段学生既可以参加自选的校本课程学习,拓展提高或发展兴趣爱好,也可以在老师的指导下或自己独立继续完成作业,原则是"愿留尽留"。

二、实践与行动:系统擘画,统筹施行

学校落实"双减"政策,关键在回答好"减什么"和"怎么减"这两个基本问题。在校内层面,"双减"面临的大都是长期以来亟待攻坚的教育难题。无论是教、是学、是考,本质

上均是"牵一发而动全身"的系统问题。系统问题必须以系统论的观点来审视和治理。为此,学校管理者首先要立足于学校,了解、梳理出与学校自身有关的教育要素。这些要素往往因校制宜,又因人而异。只有在精准排摸底数的基础上,方能贯彻《意见》要求的"加强源头治理、系统治理、综合治理"。

对延安初中来说,落实"双减"要重点解决学什么(学习内容)、怎么学(学习方式)、在哪学(学习空间)、怎么评(教育评价)等一系列复杂问题(要素)。统合好这些要素的关系,就是解决"双减"难题的思路。思路外化为学校建构高效卓越治理体系的作为,落实在具体的学校管理措施上。

作为一项解决群众"急难愁盼"的民生工程,绝不能头疼医头、脚疼医脚般简单应对。为此,学校反复斟酌,凝聚共识,提出"统筹规划,系统设计,丰富内涵,促进成长"十六字工作总原则,作为细化下一阶段工作预案的方针和指引。

(一)统筹规划:"加减乘除"先行,聚焦减负增效

"双减"出台后,学校精准排摸底数,细化工作预案,率先推行"加减乘除"四项管理机制。力争做到以机制促增效,以增效促减负,以减负谋发展。

1 做好"体验"的加法

做加法,要体现理性的选择,做到加得科学。我们通过跨学科学习、项目化学习转变学生"学"的方式,促进学生学得扎实,丰盈学生的学习体验感;通过开展主题研修,加强教学研究,创设开放性作业,实践性作业,探究性作业,以评促教,推动教师"教"的转变,增设绩效奖励,增添教师的工作效能感。

2 做好"负担"的减法

做减法,要体现专业的底气,做到减得理性。我们通过精简作业,从量上减去繁、难、偏的题目,减去重复性、机械训练型的作业,坚决把学生低附加值的课业负担降下来;通过科学施策,人性化管理,合理安排每一位教师的教学任务,给教师的事务性工作瘦身,坚决把教师不必要的工作负担降下来。

3 做好"能力"的乘法

做乘法,要体现转化的智慧,彰显放大效应。通过高质量、高附加值的课程教学,让学校学习场域成为学生综合能力的放大器,让有意义的学习成为学生能力发展的倍增系统;通过组建项目制团队,打造教科研队伍,把学术研究和深度教研转化为激发教师专业能力"拔节"成长的内驱力。

4 做好"焦虑"的除法

做除法,要体现措施的精准,达成有效共育。通过精准排摸底数,培优辅弱提中,因材施教,合理安排走班教学,有序推进课后服务,为学生扫除学习障碍;通过家委会、家长会、家长学校、致家长的系列信等多渠道,耐心细致做好家庭教育的指导工作,传道授业解惑,为家长去除不必要的教育焦虑。

实践证明,这四项机制的综合运用,能有效促进学校教育教学增效减负,提高学生学

习品质。在 2021 年我校毕业班工作总结交流会上，物理教研组长的发言就是落实"双减"政策对学科教学产生正向促进作用的一个非常好的案例。

物理老师总结 2021 届物理成绩考得好，得益于三个字：减、拆、加。通过减作业量，减去繁、难、偏、陈题目，精讲精练，把时间还给学生，促进学生主动梳理、思考。通过把学生不易理解的综合性问题、大问题拆分成小问题或相对容易的问题，为学生学习搭脚手架，形成更合理的学习坡度，引导学生循序渐进。通过增加思维可视化的训练，加语言表述的严谨性、规范性的训练。借助于思维导图，帮助学生梳理学过的知识，使得学过的知识结构化系统化。

因为有了减、拆、加的教学举措，为学生化难为易，化繁为简，让学生有更多的时间去思考、整理和巩固，也让学生通过合理的加法发展了思维水平，降低了学习负担，提升了学习能力和学习成效。

(二) 系统设计："两类作业"并举，抓住教学关键

作业是学生学习的外在表现，是个体学习品质的外显。在备课—上课—作业—辅导—测试构成的教学五环节中，作业是不可或缺的关键一环，是教师教与学生学的延伸。作业的品质，向前直接影响教师的教学过程，包括例题的设计、解答；向后潜在地影响学生将知识转化为能力，能力内化为素养。因此，作业的系统设计与管理无疑是撬动课堂教学改革的关键支点。

无论"双减"政策文件，还是教育部办公厅印发的《关于加强义务教育学校作业管理的通知》中，都非常明确要求进一步规范学校教育教学管理，全面提高教育教学质量，加强义务教育学校作业管理，坚决扭转一些学校作业数量过多、质量不高、功能异化等突出问题。延安初中早在 2016 年起就成立了学校作业研究领导小组，通过学校顶层设计，有计划、有步骤、有目标地实施研究。通过加深对作业的认识、开展作业的设计、完善作业的管理，通过作业环节的改革促进教师课堂教学的有效创新，实现初中学生学习的减负增效和对创新型人才的培养。

1　差异化的基础性作业：让不同的学生皆有所得

作为一所公办学校，延安初中的学生学习层次差异较大，既有学有余力能力强的学生，也有基础薄弱学习困难的学生。如何让不同学习水平的学生学有所得，在更大程度上调动学生作业的积极性，为学生提供个性化的训练，始终是学校教育的面临难题。

近几年，学校各教研组、备课组结合区分层作业构建合理的校本分层作业体系，开发和自编校本作业。从校本作业的设计、评价和成效等方面开展研究。现已构建完成集低起点、小坡度、多层次、有选择、真任务等特点于一"本"的校本分层作业。

例如，我校物理组在作业量、作业难度等方面进行科学分层(见图 2)。将一个知识点下的常规作业由易到难分为 A、B、C 三大类：A 类题是课堂所讲的难度较低的例、习题的再现，可以是原题，也可以是稍作改动或换一种说法但解法基本不变的新题。这些题因课堂上老师已讲，只要"依葫芦画瓢"便能完成，因而归结为易题。对那些基础不太好、甚至连听课都有困难的学生来讲这是必做题。如能将这些题独立、限时完成好，对他们来讲就有很大的收获。B 类题是课堂所讲的难度中等的例、习题的对应练习题，又可分为模拟题和变形题两类。可以是课堂例题的改编题，变化后解法可能也改变了的题，也可以是

课堂上已铺好台阶、但未具体讲解的题。对基础中等的同学来讲，这些题应是必做题。C 类题是课堂上较难问题的再现（也可视情况放到 B 中）、变形也可能是与以往所学知识相联系的综合题，或是具有探索性、开放性的问题。它有助于开拓学生的知识面，提高学生的思维能力，防止思维定势。对基础较好、能力较强的同学来讲，应当完成好这些题。此外也尝试对学生布置同样内容的作业，但是对学生有不同的要求。如计算题中困难学生一题一解，优秀生一题多解，一题多变。

示范 1. 物理学里，把_____在物体表面上的力叫压力，压力作用的效果不仅跟_____的大小有关系，还跟_____的大小有关系。

（陈述压力的定义 A；知道影响压力作用效果的因素 A）

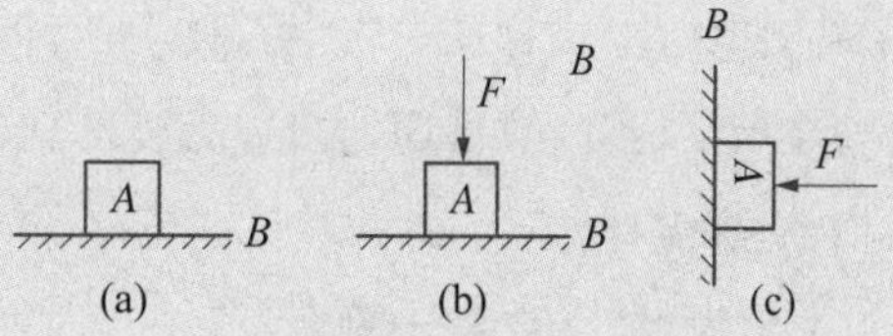

示范 2. 图 1 中物体 A 静止在支持面 B 上。A 所受的重力为 5 牛；F 为竖直作用在 A 上的力，大小为 6 牛。则图 1(a) 中 B 受的压力为_____牛，(b) 中 B 受的压力为_____牛，(c) 中 B 受的压力为_____牛。

（根据受力情况，能进行压力简单计算 B）

示范 3. 物体静止在斜面上，如图 2 所示，请用力的示意图画出斜面受到的压力。

（学会作压力示意图 B；知道压力与重力的区别 A）

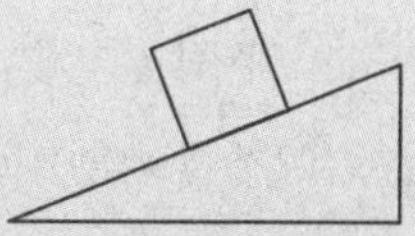

图 1

图 2

图 2　物理分层作业举例（AB 为作业层级）

2　多样化的创新性作业：在探究中培育创新素养

作为从事教育的专业人士，我们应辩证理性地看待"减负"。关注到有些孩子"吃不

了"的同时，也要看到还有一些孩子"吃不饱"的事实。"双减"压减了学生校外学习时间，为学生减去过多的单纯抄、记、背、默、算，减去不加选择的刷题等低价值的作业负担，增

加有益于深度学习,发展思维和表达能力的有效学习容量,让每一个学生通过学习实践,会分析、会思考、会总结、会表达。

学校鼓励教师在不断优化常态分层作业的前提下,开展专项研究。现各科教师开发设计出"六个模块"的创新性作业,让学生在解决真实情境中的问题的过程中,发展学生的实践创新能力,提升学生的综合素养。

（1）模块一:活动与制作

物理、化学、科学等理科实验性学科设计简单易行的小实验、小制作,让学生去感受体验,加强学生对概念和规律的理解。如物理学科让学生学习声学的内容后设计制作竹哨、声音"大炮"、"橡皮筋吉他";科学学科让学生学习了时间、热传递的内容后设计制作计时器、保温杯。

（2）模块二:阅读与理解

英语学科设计了编制旅游指南（Travel Guide）、中国传统节日介绍、中外经典名作读后感、四格漫画创作、续写教材故事并进行课本剧表演、国际食品节海报设计等作业。物理组在初二年级开展的"N格漫画创作"活动,目的在于借助创作漫画的方式,表达出一个物理现象,或是解释一个物理问题,这不仅能提升创作者的物理学习兴趣,还能激发学生的深入思考,在研究与提炼中建构起属于自己的物理知识体系;对于观赏者,在"看懂"别人作品的过程中,也是对物理知识的"再理解",同样会有收获。

（3）模块三:课题与实践

如物理学科在声主题单元设计了"学校噪声防治的调查""民族乐器的简单声学原理研究""探究水瓶琴发生原理"。道德与法治学科带领学生进行社会、人文课题的社会实践小课题的研究,如"邻里关系""垃圾分类""网约新政下的网约车"等。

（4）模块四:参观与调研

组织学生参观博物馆、科普展馆等,完成相应的参观学习单或调研报告。让学生走进社会、了解社会。

（5）模块五:跨学科与项目化

如地理生命科学学科联合设计疾病与地理环境相关的跨学科项目化研究任务、提供学生学习支架引导学生思考疾病的发生与地理关键的关系并形成调查报告。又如,数学组推出"金榜题名"作业。这是一项面向全体学生征集数学题的活动作业。规定征集题目涉及的知识点符合本年级同学的学习进度且不超纲,内容可体现数学文化、数学思维、数学与其它学科的融合。每次投稿的题目需要学生自己书写题目解答,能书写题目亮点和选题原因更好。合适的题目会收录到每几周一次的金榜题名汇总卷或平时的家常的校本卷和小练习卷中。通过这样的活动,旨在调动学生的积极性,让优秀的学生能钻研,通过自己找题或改编题,进一步加深对数学问题本质的理解,在研究和同伴的分享中开拓了眼界。另一方面,也让后进的学生有干劲,后进的同学投递的题目可能难度不高,但试卷上能出现署着自己名字的题目，也是一种鼓舞，并积极投入到后期的学习。

（三）丰富内涵："六大板块"跟进，深耕课程体系

课程建设是学校教学的核心事务。多年来，延安初中为践行"办一所教育观念正确、课程体验丰富、教学机制有效、教师敬业专业、校园阳光快乐的好学校"的美好愿景，一代代"延安人"筚路蓝缕，玉汝于成，以课程建设为中心，为学生创设一系列有意义、有收获、有趣味、有挑战的学习体验。"双减"出台后，为了让学生在校学足学好，我校把原有的拓展型、探究型课程体系与课后服务主动进行了统整，衍生出六个板块的新分类，大大丰富了课后服务的内涵。

① **板块一：作业辅导**

指导学生巩固复习当日学习的功课。根据学生的实际情况，指导学生完成当日作业和作业订正，重在解决学生自我完成作业有困难的习题，确保难题不离校，保障学生的睡眠时间。

② **板块二：拓展提高**

开设内容丰富、形式多样的课后服务课程，提升学生学习兴趣，开拓学生多方视野，锻炼学生实践能力，拓宽学生的学习渠道。为学有余力的同学开设具有延安特色的"数理拓展""中英文演讲""数独""思维魔方""晓荷文学社""带着地图去旅行""中华传统文化""影视欣赏"等课程。

③ **板块三：艺文熏陶**

通过艺术欣赏、艺术创作等活动，提升学生的审美能力和艺术创作能力。积极争取长宁区少年宫支持，开设"剧场理事会""电声乐队""昆曲""电脑绘画""书法""水彩画""民乐""合唱"等课程。

④ **板块四：科学探索**

开设具有延安特色的科技活动课程，进一步激发学生的理科思维，培养学生的科技特长。在长宁区少科站支持下开设"智能机器人""模型制作""趣味生物""电子技术""DI""头脑奥林匹克""科普美术""宇宙与人类"等课程。

⑤ **板块五：体育锻炼**

在保障学生人身安全的前提下，开展各类体育活动，提升学生体质健康水平，促进学生身心健康发展。开设"体育素养""篮球""排球""足球""乒乓球""健美操""攀岩""击剑"等课程。

⑥ **板块六：劳动实践**

开展校园劳动实践，丰富学生的课余生活，锻炼提高学生的生活技能，从而培养提高学生的动手实践能力，最终形成正确的劳动观念。开设"时光续延学生公司""开心农场""面塑""服装设计""皮具制作""建筑设计""趣味摄影"等课程。

（四）促进成长：探索"四类评价"，激发学生潜能

学习评价是学科教育中的一个基本反馈机制，也是课程教学中的一个必不可少的环节。考试评价发生深刻变革,必定会触发教育教学的真实变革,进而撬动课堂上的教与学持续生动的改变。学校以评价方式变革为突破口,从学生健全人格的培养和全面发展的潜能考虑,逐步改进评价方式。通过评价切实减轻学生过重的学业负担和心理负担,养成良好的学习习惯,激发学生学习潜能。

1 推行免考制度,强化过程评价

为鼓励学生重视日常学习,激励品学兼优的学生,学校近年来坚持免试制度,对品德优良、日常学习表现突出的学生给予免试荣誉。教学部门牵头相关教研组对免试制度进行优化,免试生可以选择不参加考试,但享有最高分数。免试学生由备课组根据日常考试成绩及学习态度、学习表现进行推选,这更有利于引导学生关注过程性的表现,有助于学生养成良好的学习习惯。免试生如选择参加考试,也有助于教师掌握真实的教学情况。

2 增设提高测试,改进结果评价

为了使面上的考试难度更趋合理,学校在命题工作安排时,教学部门与教研组长协商后为每份试卷制定试卷期望分,同时采用双向细目表使命题更科学、规范。由于学校生源差异大,部分资优学生在面上常态测试中往往"吃不饱",为了提高这部分学有余力的学生学习的积极性并激发其学习的潜力,学校探索增设提高性测试,由学生自主选择参与。提高性测试不超标准,但思维要求相对略高,注重考查学生的思维品质、解决问题

的能力。提高性测试更有助于激发学有余力学生学习的潜力。

3 改进考核方式,探索增值评价

为进一步科学评价教学成效、培养科学高效的优良学风教风,学校在常规评价的基础上,形成了用标准分评价学生学和教师教的评价方式,一方面帮助学生树立"跟自己比"追求进步的意识,表彰奖励优秀学生、有进步的学生;另一方面,为树立踏实肯干的教师榜样,学校从2020学年第一学期期末推行增值性评价,涉及学科为语文、数学、英语、物理、化学。以同一班级(教学班)前后两次大型考试的班级均分标准分分差为评价依据,去除缺考、特殊学生(学校认定)后成为评测对象,对教学班的标准分进行比较,科学、纵向地了解班级的进退步情况,激励在原有水平上进步显著的班级,教育处也会深入组室与任课教师备课组共同分析退步原因,制定下阶段教学改进措施。

4 优化评价形式,完善综合评价

近年来学校努力突破单一纸笔测验的评价模式,构建以学业水平为基础、结合学习经历与学习过程评价的综合评价办法引导学生全面发展。例如在日常纸笔测试外,英语组增设听说测试、科学、生命科学学科增设实验考,多方位了解学生的综合能力。又如学校通过"社会观察"课程、语文"阅读领航"课程等探究性课程以及各学科在日常教学中设计的各类创新性作业、调查类、探究类学习活动,丰富学生探究性学习的经历,让学生观察

社会、走进社会,培养学生分析问题、解决问题的能力,教室过程性地记录学生的学习情况,并对学生学习提供指导,引导学生全面发展。

三、反思与改进:调适三对关系

一是协调好"校内与校外"的协同关系。为了更好地沟通家校联系,共同创设良好的成长环境,除年级家长学校、家校指导手册外,学校在公众号上新推出"延育"栏目,以"致家长的一封信(系列信)"的方式,帮助家长建立正确的教育观念,形成对包括"双减"在内的教育政策的正确理解,对课后服务做到应留尽留,愿留尽留。对家庭教育给予科学指导,为化解亲子沟通难题支招。用鲜活的案例引导家长、学生更加重视校内学习,更加理解因材施教,适性扬才,提高综合素养的教育才是好的教育。同时,借助江苏路街道社校联盟扩充教育资源,引导家长更加理解、支持教师的工作,并乐于参加课后服务的志愿者行动,减轻老师的工作负担,让老师的时间精力更多地放在专业发展上,更好地作用在学生成长上。

二是处理好"课内与课外"的整合关系。时间是宝贵的,我们要研究落实了"双减"政策省出来的时间该用在何处。课后服务的时间同样宝贵,我们要用好用足,为学生提供高品质、高附加值的学习活动。这需要整合好课内与课外、线上与线下的教育资源,积极争取区域内少科站、少年宫、劳技中心的鼎力支持。

三是调和好"共性与个性"的融合关系。学校既要认识好、研究好不同年龄段学生群体认知规律、身心发展规律等共性问题,又要关照好、满足好学生的个性发展需要。为此,我校的课后服务既有落实集中辅导自习安排,又有可选择的拓展学习。既要夯实基础,全面提高学业质量,又要鼓励学生个人自主学习,发展自学能力,不断拓展提高,开阔眼界。

"周虽旧邦,其命维新。""双减"政策落地仍需要我们正确认识、理性思考、统筹兼顾、智慧前行,治标不松劲,治标促治本,解决好增效减负问题。在具体实施中,**要有理性,可接受:**尊重规律,不简单地就事论事,系统化,措施能被师生和家长接受;**要有内涵,可持续:**组织好教学资源,有价值的学习,组织好人力资源,保障老师专业发展;**要有方法,可落地:**完善管理机制,结合学校办学实际探索有效的实施课后服务策略。

上下同欲者胜,风雨同舟者兴!全体"延安人"将继续感知改革的脉络,走在教改的通途!

3. 学校教育如何"加加减减"

堵琳琳

提 要："减负"不等于"零负担"，落实"双减"政策，一方面需要减去过重的课业负担和机械的重复内容，另一方面要全面提高学校育人质量。 学校需要尊重孩子的个体差异，在"塑造教育本质新观念""打造校园生活新样态""营造综合减负新环境"三个维度思考和实践，打好"双减"与"提质增效"的组合拳，让老师更"有智慧"地教，让学生更"有效率"地学，给予学生更多自我发展的空间，促进学生全面发展、健康成长。

作 者：堵琳琳，特级校长，正高级校长，上海市风华初级中学教育集团校长

"双减"推动基础教育学校进入了教育变革的时代潮流，对传统教育发起了重大挑战。但是，"减负"并不等于"零负担"。一方面我们需要减去过重的课业负担和那些机械的重复内容，另一方面还要"增效"，全面提高学校育人质量。

未来学校教育到底该何去何从呢？在"双减"及教育综合改革的背景下，学校需要加速脚步构建符合新时代的良好教育生态，不断提升学校的办学品质内涵。实现学校的创新与变革，不断突出和强化校园主阵地作用，为每一个孩子提供轻负优质的校园生活。

上海市风华初级中学教育集团（以下简称"风华初"）作为一所办学规模较大的初中，始终认为，学校需要秉承"在细节中见教育价值，于细微处促学生发展"的理念，尊重孩子的个体差异，更需要在"塑造教育本质新观念""打造校园生活新样态""营造综合减负新环境"三个维度着力思考和实践，打好"双减"与"提质增效"的组合拳，让老师更"有智慧"地教，让学生更"有效率"地学，给予学生更多自我发展的空间，促进学生全面发展、健康成长。

一、双减时代，学校要增加对教育本源问题的思考和认识

"双减"再次引发了对"培养什么样的人"这一话题的热议，学校需要重新审视教育的

价值追求,从教育的本质出发来思考教育问题,遵循教育规律,让全面发展的理念在基础教育落地生根。

(一) 立德树人的教育使命再思考

学校始终肩负着为党育人、为国育才的使命担当,教育必须回归到教育的根本价值上来,要促进"人"的发展,逐步丰富生命的意义,学校教育就是要回答好何种学习内容有价值,何种价值观可以推动人类社会的文明和进步这些基本命题。

"双减"是党和政府为建设新时代高质量教育体系所做出的重大战略决策,事关教育改革发展全局。中小学是正确价值观形成的关键时期,在立德树人的背景下,基础教育必须更加关注学生全面发展,聚焦核心素养,促进德育、智育、体育、美育和劳动教育"五育融合";更加注重知识学习与学生经验、现实生活、社会实践之间的联系,通过设计与实施实践性学习活动,提升学生解决真实问题的能力;着眼学生身心健康成长,整体提升学校教育教学质量,确保学生在校内学足学好。

学校要深刻理解国家教育方针和新时代人才观,坚持国家课程校本化实施和校本课程特色化建设,结合校情和初中生身心发展特征,全面解构人才培育规格,形成特色校本德育课程体系。如风华初将"崇德尚礼、身心向阳、开放尊重、美美与共、创新实践"五大学生特质作为课程维度,将各特质的内涵解读作为培养目标,建构风华初德育课程体系(见表1和图1)。

(二) 生命个体独特成长的再认识

每一个孩子的成长都具有独一无二不可替代的价值,人生真正的成长在于在各自的生命道路上寻找自我,进而超越自我。社会大众常常把教育理解为一种单线性的因果塑造工程,以为我们按一种自以为正确的思想和手段"建构"孩子,孩子就会成为我们理想中的接班人。而现代教育学的伟大之处,就在于它承认和尊重生命的独特性和复杂性。

表1 风华初学生培养目标(五大特质)内涵解读

特质	解读
崇德尚礼	有强烈的家国情怀,有守信感恩的品质,有正确的是非观,有得体的礼仪素养
身心向阳	有健康的生活习惯,有正向愉悦的精神世界,有积极的个性发展追求,有正向乐观的处事态度
开放尊重	有对多元文化的理解力、有弘扬民族精神和中华传统文化的行动力、有自信完整阐述自我观点的表达力
美美与共	有感悟艺术人文的审美情趣,有美学表达的意愿,有捕捉、判断、接受和创造美的能力
创新实践	有强烈的好奇心求知欲,有客观思辨的探究精神,有创意表达的实践能力

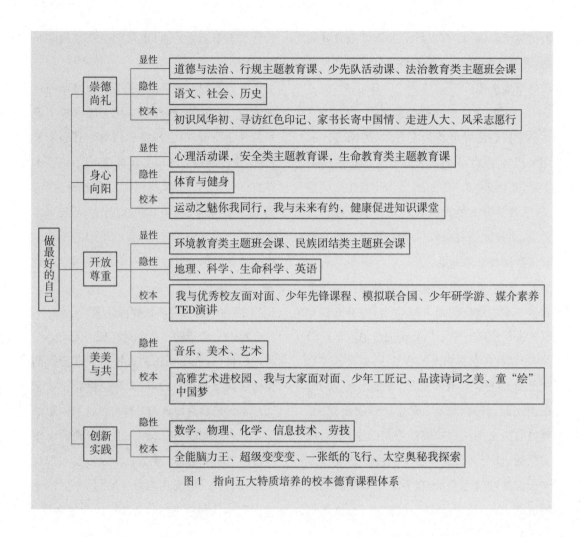

图1 指向五大特质培养的校本德育课程体系

学校不应该属于工业时代的流水线和集约化，而应该是孩子们学习知识技能的场所，更是孩子们涵养智慧、坚定信仰的家园。我们能在多大程度上帮助学生点亮他们的梦想，让他们勇敢地走向未来之路，才是真正体现以人为本的办学思想。

教育应该给予孩子们成长的自信、成长的能力，教其心，育其身。我们要教会孩子从基础做起，学习如何管理自己的身体和精神；教会孩子学会生存、去直面生活的艰难，具有丰富的生活经验；教会孩子学会如何感知生活的美与丑，感受生命的苦与痛，爱与乐；教会孩子对宇宙、社会及人类自身有深邃的理解，勤于思考伦理道德问题，具有明智的判断力和抉择力；教会孩子在全球的坐标系中客观地理解世界各国文化及时代发展；教会孩子正直地做人，公平地行事，快乐地度日，自由地生活。

教育应该给予孩子们成长的尊重,尊重天性,让他们享受童趣,享受好奇。我们要激发孩子的热情,让孩子积极主动地参与学习;鼓励特立独行,让他们敢想,敢闯,敢试,保持一股"牛犊劲";允许孩子犯错误,让"错误"化作师生共同成长的资源;为孩子创造丰富的学习场,学习即生活,生活即学习,让学生的身体与心志、学习与进步、行为与习惯浑然一体;更要引导孩子坚持批判的思想、保持独立人格。

只有形成这样的认识,基础教育才能为一个人成为最好版本的自己提供生生不息的动力,才能让孩子们成为一个个独特而又美好的生命个体。在这一方面,风华初从2021年开始探索推行全员导师制,制定了1名班主任＋N名学科老师的"1＋N"分配模式、1对多和多对1相结合的学导配对方式、基于成长数据的班导备课制度,覆盖每个学生成长的全时空。学校要将个性培育与学科育德、传统德育工作深度融合,使教师形成对学生个性成长的深刻理解,对学生有深切的爱意和责任心,从本质上提升教师的格局和视野,最终促进学生全面而有个性地成长。

二、双减时代,学校要善用加减法,塑造校园生活新样态

"双减"政策下,回归课堂,如何做好"加减法"是学校面临的一个难题,特别是对于存在班级人数较多现象的学校,要想促进学生全面而个性化的发展,必须善用加减,重构校园生活格局。

(一) 减少繁杂割裂的专题活动,增加精化设计的综合主题

丰富多彩的校园活动本是对素质教育的良好回应,是一所学校创造力、生命活力的体现,让孩子们在学习之余收获快乐、健康成长,全面发展各方面能力。但是,一个人的生活和学习时间是一个恒量,学校教育时空更是有限的。近年来,中小学生的各类比赛、主题活动呈现出过多、过杂现象,甚至有时影响日常教学时空,不仅仅是学生,老师们也深深感受到负担重和压力大。

学校是有计划、有组织地对受教育者进行系统教育的专门机构,必须发挥优势作用,着眼全局,紧紧围绕综合素质培育,精炼各级各类学生活动,主题设计求实求精,体现活动的综合效应。学校要逐渐积累、锤炼、萃取出特色的综合主题活动设计方式,将内容相似、关联度高的专题活动进行梳理,减少各种活动"标签",整合活动类别,在课程实施过程中,还要探索在大规模课堂、大体量学生中实施综合主题学习活动的策略和方法。

综合主题学习要以真问题为驱动,对学生的思维问题进行发掘,在多学科合力下,促进实现学生认知结构发生深层次变革,主动调用经历经验,主动应用知识方法。驱动性问题的真实性有助于提升核心素养培育的广度和深度,综合主题学习也在驱动问题引领下层层分解,自然形成。例如,用戏剧的形式

开展综合主题学习已经有不少学校进行了探索,但是如果在真实世界中"做"一台舞台剧,仅仅是组织学生上舞台表演吗?如果这样,又和以往的社团活动或节庆汇演展演有什么区别呢?

在以往的各种专题学校活动中,教师常常立足学科本位,从课程和学科视角出发制定目标和明确参与对象,而综合主题学习更强调学生视角与真实性。虽然,舞台剧的内容是虚构的(所谓真实事件的再现也不可避免地存在艺术加工),但是舞台剧也同样存在真实性,这个真实性是指"所学知识和能力的真实,所运用的思维方式的真实"。借助跨学科项目化学习的研究经验,风华初在2021年末做了一次大胆的探索,将学校原本计划开展的各种校园活动和节庆活动转化为大范围学生参与的综合主题学习,按照学生在舞台最终呈现的学习成果形式展开逆向设计,分解为核心项目、辅助项目和支持项目三个层次。核心项目包含艺术、语文、历史等跨学科学习,辅助项目包括音乐、舞蹈、武术等跨学科学习,支持项目包含劳技、美术、书法、信息等跨学科学习,每个项目分别设置驱动性问题链,并层层分解子任务。

表2 风华初中的综合主题学习内容

	组织教师	参与对象	素养指向	特征
1	语文教师为主	教学行政班学生	围绕戏剧价值、艺术形象,培养学生"文化传承与理解"和"审美鉴赏与创造"语文核心素养	学科本位教师主导
2	艺术教师为主	戏剧类社团、拓展课学生	学习舞台表演技能,培养艺术感知能力、创意表达等艺术核心素养	
3	多学科教师集体指导	大规模参与学生	通过真实地"做"一台舞台剧,培养艺术、语文、历史、音乐、舞蹈、武术、劳技、美术、书法、信息等跨学科能力素养	素养本位学生主体

高度综合的主题学习活动形式提升了原本各自活动的教育价值,促进学生价值观的养成,同时也使学生从学习参与者转变为设计者,形成面向未来的学习力。一方面,驱动性问题的真实性可以提升学生的价值观,如风华初舞台剧明确定位为党史教育宣传,可以更好地实现教育立德树人,传承红色基因赓续红色血脉的功能。另一方面,综合主题学习要让学生进入主动学习状态,由学生创造性地完成各项分解任务,赋予学生更多自主学习空间,提升自我成长力、自主学习力。

(二)减少被动机械的学习方式,增加实践探究的学习经历

从我国初中教学的整体生态来看,我们亟需解决当前间接经验、书本学习、被动学习占比高的问题,从知识、技能掌握为主的传统

学习转向以核心素养培育为导向的高品质学习。为此，为改变学科学习因为碎片化、割裂式教学倾向，发挥大单元教学的功能，学校要积极探索基于情境、问题导向的互动式、启发式、探究式、体验式等日常实践性学习活动，"双减"政策也强调学校要针对提升教学质量与效能开展深入研究，统整学习内容，减少重复性、机械性学习，提升学生综合运用知识解决复杂问题情境的能力。

风华初通过十多年的探索，提出了全学科、全覆盖实施实践性学习活动的教学方式变革探索。站在整体育人的视野下，关注学生创新精神、实践能力和问题解决能力的培养，打通学科的知识逻辑、学生的学习逻辑和教学的活动逻辑之间的关联，加强学科实践。在素养导向下，学校可以将指向不同素养培育要求的实践性学习活动有机串联起来，促进学科实践从碎片化走向系统化，形成从宏观的活动整体结构，到中观的活动序列化，再到微观的单个活动实施的运行机制。"真情境、低结构、易嵌入、深融合"的特征使学科与实践合二为一，并提炼出了"表达表现、实验探究、设计制作、社会参与"四种基本样态和"切入性事件—主导性问题—自主性学案—持续性探究—表现性成果"五个要素的一般性设计规格，编制了包含"学科核心素养及其解读—目标的细化与分解—单元活动的遴选与关联—学生学习成果和产品—实践性学习活动评价"的学科结构图，让学生在实际情境中主动地综合运用所学知识来解决和分析问

题，充分实现了"做中学、用中学、创中学"，并形成积极的内在学习动机，实现被动学习到主动学习的转变，加速学科知识向核心素养的析出与结晶，使高阶思维得到提升。

实践性学习有助于学校破解学科知识、社会生活与学生经验割裂的难题，促使学生融合学科知识和个性化经验，完成挑战性的学习任务，形成表现性成果。学校可以充分利用课堂主阵地，突出学科思想方法和探究方式的学习，不仅使学科学习目标得以进一步深化，提升学生思维品质，也加快了学校教师教学方式的转型，教师从间接经验的传递到关注学生直接经验的生成，从知识概念的讲授到关注学生知识与能力的综合运用，实现学科共通性育人要求和实践性学习活动独特的育人价值相结合。

(三) 减少唯考试分数的结果评价，增加发展导向的综合评价

多年来，在片面追求高分、追求升学率的观念下，越来越多的人把成长和成功窄化为考上名校，占领更多的社会资源，获取更多的财富和名望。以单一的学业成绩作为主要评价指标，导致分数至上的灌输式教学遍地横生，学校、师生、家长过度关注考试结果，学生大量的时间和精力都消耗在"苦学""苦练"中。孩子们的生活变成了从校园到机构无休止的单循环，学生厌倦学习、逃避学习的现象层出不穷，各种青少年心理问题也随之显现。

基层学校必须构建一个真正科学、有效的评价体系，关注和培养孩子的身心健康与

健全人格。从习近平总书记在全国教育大会上提出要努力构建德智体美劳全面培养的教育体系，到国务院的《关于深化教育教学改革全面提高义务教育质量的意见》，到上海市的《初中学生综合素质评价实施办法》，再到当下的"双减"政策，其实都对扭转不科学的评价导向和不良教育生态提出了要求。综合素质评价的内容、形式、载体应更多元，使评价贯穿在学校整体课程和课堂中。对于学生来说，它是描绘个性成长的数字画像；对于家长来说，它是传播养育理念的有效渠道；对于教师来说，它是实现精准管理的协同平台；对于学校来说，它是解构理性育人观念的分解系统。

学校综合素质评价的依据更应关注行为的参与而不仅仅是单纯的结果记录，不是对学生能力的评价，更多是引导学生积极参与。既应有对学生日常学习生活中各观测点的测评数据，比如日常学业成绩数据、行规检查反馈记录、体质健康数据等，又有以客观事实描述为主的写实性记录，比如社会实践活动报告、学科调查研究、获奖荣誉等。这些对学生成长"有痕记录"有助于对学生所知所能形成合理推断，即对学生的综合素质作出适恰的、全面的评价。风华初本着尊重学生差异，激励学生成长的宗旨，研发了"我的成长帆"学生综合素质评价平台，就是结合了测评性评价和写实性评价，实现动态展现、精准刻画学生在身心健康、学科学习、创新实践、品德发展四个方面的发展状态。围绕爱国、诚信、守法、责任、健康、自信、创新、合作等核心素养的培育点，结合学生日常行为和主题活动表现，遴选了 55 个可以评估和观察的观测点，通过多点数据汇总的形式，真实地记录和描摹每个风华初学子四年初中生活成长的点滴。

三、双减时代，学校要大声呼吁：综合减负才能提质培能

培育时代新人是全社会的共同责任，需要学校、家庭、社会形成育人合力。学校不仅要对内提升教育治理能力，也要对外做好引导工作，善于发声，保证学校教育、家庭教育、社会教育影响的一致性，促进"减负"发挥长效作用。

（一）增加科学教育观念的全社会培育，减少盲目的社会群体性焦虑

"学得越早越好""学得越难越好""题刷得越多越好""学习时间越长越好"等观点，在社会的集体教育焦虑中变成了家长和很多教师的普遍认识，学习的意义和价值逐渐功利化。在"双减"刚刚发布的时候，一些家长的焦虑不减反增，担忧孩子的未来发展，直到现在仍然有许多家长在寻求另类的补课方式。家长的期待和行为直接影响着"双减"的成效，归根到底还是在于要调整长期以来形成的固化的教育观念，让教育回归本位。

基础教育学校要充分发挥教育价值观念的引导作用，在细化落实五项管理的基础上，

通过加大对于不同职业的社会价值的宣传和引导，推动全社会形成更科学的人才观。从学科学习到校园生活，综合评价系统要关注学生的学习经历、关注学生的活动参与、关注学生的行为习惯、关注学生的个性特点，全方位展现学生的成长轨迹。风华初在研究综合素质评价平台的过程中，就聚焦学生关键能力与必备品格的培育，通过科学的评价标准、多元的评价引导教师和家长去观察、挖掘孩子们的个性特点，培育孩子的优长。

基础教育学校要整合利用校内资源、家长资源、社会资源，引领全社会合力延展学生的个性化成长时空。如在目前实施的课后服务中，学校就要发挥号召力，不断丰富和提升课后服务品质，引导家庭、社会关注多样化的学习形式和内容所带来的教育价值。学校需要基于学生不同的学习基础、学习水平与学习风格，精细规划每一位学生的"学习时刻"；基于学生不同的学习兴趣、学习专长，提供可以让学生灵活选择各类实践探究活动"自主时刻"；基于学生的身心健康成长需求，开展包含心理健康教育、职业教育、家庭亲子教育、社会时事教育的"温馨时刻"。

高等教育要建立多渠道的多元化的升学通道，提倡和鼓励行行出状元的社会分配和人才培育机制。教育焦虑的背后其实是教育资源的供给问题，一方面，国家需要增加学术型大学和应用型大学建设，充分满足人们对美好教育生活的需求，确保高等教育供需平衡；另一方面，当前高中学校的等级分化严重，在考试选拔制度下，好的高中往往也占据了大量对接优质高等教育的机会，进一步加大了社会焦虑。加大普职教育的分流和融合研究、促进高中教育培养机制优化才能更好地让学生顺利接轨适合自身发展的高等教育。

减负不能用片面的眼光看待，提升基础教育质量的同时，还要转变教师、家长乃至全社会的教育观念，促进全社会构建起高质量的公共教育保障体系，才能真正有效地缓解教育焦虑，构建绿色健康的教育生态，拓展学生的成长空间。

（二）增加核心素养的深入研究，减少对能力的无差别泛化

未来的社会生活会有更为复杂的挑战，人类社会的生存和进步永远都需要知识，今天的学生，比起以往任何一个时代更需要学习，更需要懂得人类可持续发展的要义，更需要掌握先进的科学知识和技术，更需要用知识去解决不断出现的新问题。知识爆炸的时代，带来了更加丰富的知识内容，对学生的能力发展和思维培育也提出了新的更高的要求，但是由于身心发展程度存在差异，对于有些学生来说，学科学习的"摄入量"已经远远大于自身的"容纳量"。

减少义务教育阶段知识学习的总量，才能增加学生陶冶情操、涵养能力的时间和空间。"学习知识总量大，课程时空却有限"是当下义务教育学校的一个难题，如初中学段就囊括了17门功课，其中涉及考试的门类

多,难度大,将所有知识内化到学生的知识结构、转化为能力需要耗费大量时间。因此,学习的总量需要进一步优化压减,重视素质教育并不意味着这些内容都要转化为考试,为学生释放"内存"才能真正学有余力。另外,缺乏优质学习的空间也是制约中小学校素质教育发展的一大瓶颈,大部分中小学的办学场地相对有限,而具备更多探究场域资源的大学、高中如果能为中小学的孩子们开放更多学习空间资源,实现整个区域联动,必然能在一定程度上提升中小学实践探究学习的质量,同时也有助于促进大中小学一体化建设。

审慎研判学科核心素养是不是等同于学科专家素养,才能让最有价值的学习发生。

在核心素养领航教育的时代,许多学科专家站在学科视角上提出了学科专业领域内的素养,那么这些素养到底是不是每一个学生全都必须达成的素养呢?全面发展不等同于"平均发展""全能发展",学校教育面向的应该是最广泛的大众教育。正如中小学法治教育的目的不在于培养专业的法律工作者,使每一个学生学会在未来的社会生活中知法、懂法、用法即可,历史教育也不是要把人人都培养成历史学家,而是要引导学生养成求真、求实的科学精神。在基础教育的育人实践中,核心素养应该根据不同年级、不同认识起点、不同需求,实现分级、分类、分层,教师按照不同的层次要求因材施教,为学生量身定制真正需要的课程。

论点摘编

1. "双减"政策落地：焦点、难点与建议

周洪宇、齐彦磊在 2022 年第 1 期《新疆师范大学学报(哲学社会科学版)》撰文认为：

"双减"政策落地应聚焦立德树人，坚持学生为本；聚焦减轻作业负担，立足学生身心健康；聚焦规范校外培训，坚持从严治理；聚焦学校主阵地，提升学校教育质量；聚焦课后服务，满足学生需求；聚焦家校社协同，形成减负共识；聚焦试点先行，积极推广典型经验；聚焦统筹推进，警惕资本流向衔接学段。

"双减"政策落地的难点包括：学校教育能否质效双增、校外培训能否标本兼治、课后服务能否保证公平、课余时间能否科学利用、教师关切能否有效回应、家长焦虑能否切实减轻、学生负担能否快速下降、评价导向能否彻底扭转。

为促进"双减"政策的顺利实施，应完善义务教育均衡优质发展体制，提升义务教育质量；建立校外培训监管机制，引导校外培训机构转型；健全课后服务制度，创新课后服务模式；完善多元化筹资体制，保障课后服务经费；健全教师管理制度，推动教师定期轮岗常态化；构建教育公平机制，着力保障教育公平；规范教育法制建设，依法保障教师待遇；建立多元治理平台，完善家校社协同育人机制；建立负担监测制度，完善招生考试制度；推进教育评价制度改革，加快评价方式转型。

2. 实施"双减"政策的关键问题与需要处理好的矛盾关系

刘复兴、董昕怡在 2022 年第 1 期《新疆师范大学学报(哲学社会科学版)》撰文认为：

任何社会领域中，政府、市场、社会之间关系的失衡，都会产生一系列重大问题，这也是"双减"政策面对的问题。一是作为政府教育制度供给中非常核心的内容——教育评价制度不够科学与合理，导致学校教育活动的某些方面背离了教育规律，增加了学生的负担。二是一方面学校把自己的部分职能转移到家长身上，使得家庭对校外教育培训机构的需求大幅增加；另一方面，校外培训领域资本的介入及其逐利行为，加重了学生的校外培训负担，且在学校和市场资源分配中存在不平衡现象，导致出现违背教育规律和损害教育公平的教育活动。

"双减"政策面临的矛盾与需要处理好的关系：1. 做好教育教学中的"减法"与"加法"，"双减"政策不能"一刀切"，要处理好教育教学中"减法"与"加法"的关系，确保学生"减负不减能"是"双减"政策实施过程中保证教育质量的关键。2. 平衡好校内教育与校外培训的关系，要平衡校内与校外教学资源，实现校内教育和校外培训的优势互补。3. 处理好规制和解制的关系，既坚持政府的主导地位也要推行保证学校的自主权。4. 处理好宏观管理和微观管理的关系。

3."双减"政策下的教育理念与教育生态变革(笔谈)

马开剑等人在2021年第6期《天津师范大学学报(社会科学版)》发表笔谈论文。

马开剑认为:"双减"政策对于学生成长成才的意义是将正常的成长时空还给学生;引导全社会转变人才观念;有利于少年儿童发现和激活自身潜能,在活动与实践中将潜能转化为外显能力并引导学生的专业选择和职业发展。

王光明认为:"双减"政策精神落地生根是一项系统工程,应重塑教育教学评价体系,深化考试招生制度改革;发展教师核心素养和能力,为减负提质做好前提保障;开展学生学习品质要素的教科研行动,提升在校学习效率,实现课业负担的精准减负提质;优化资源,群策群力,不断提升学校课后服务水平。

方芳认为:"双减"政策对校外培训机构治理应坚持公益性原则下的分类监管;探索完善校外培训机构的转型及退出机制;建立校外培训机构的协同监管体系;合理利用校外资源发挥校内教育主阵地作用。

艾巧珍、李廷洲认为:"双减"给教师带来的三个挑战,即课堂教学质量急需提升,教学评价水平亟待提高,教师工作节奏更加紧张。

4."双减":旨在重塑学生健康成长的教育生态

马陆亭、郑雪文在2022年第1期《新疆师范大学学报(哲学社会科学版)》撰文认为:确保学生健康成长是构建基础教育良好生态的根本目的。一是基础教育良好生态是符合成长规律的生态。个体成长具有循序性特征、阶段性特征、有差异性特征以及不平衡性特征。二是基础教育良好生态是五育全面发展的生态。学生健康成长就是德智体美劳全面发展。三是基础教育良好生态是积极自主学习的生态。学习是学生"劳动"的表现形式,当学习成为一种自觉的活动,学习量、学习时间、学习难度等都维持在适度的范围内,学习的内容符合成长需要,学习的形式遵循教育规律,学生即可通过创造性的学习过程收获幸福。四是基础教育良好生态是"家校社"和谐合作的生态。新型"家校社"关系的建立,需要三方理顺价值取向,降低工具理性的影响,着眼长远,将共同目标锁定在促进学生健康成长上,进而在此目标下明晰边界,相互配合,形成教育合力,共同塑造促进学生健康成长的良好基础教育生态。

5."双减"时代基础教育的公共性回归与公平性隐忧

余晖在2021年第12期《南京社会科学》

撰文认为,基础教育的公共性挑战及其背后的结构性矛盾构成了"双减"政策出台的宏观背景。

校外教育无序竞争干扰社会主义办学方向、培训机构资本逐利削弱学校教育主阵地、内卷化竞争与价格机制损害群体教育公平,及学校课后托管责任外包加重家庭养育负担等多种因素冲击教育的公共产品和准公共产品属性。究其实质,"双减"政策所指向的是教育内卷化、社会阶层固化、家庭教育焦虑、高额教育支出和学生负担过重背后的结构性矛盾,是对教育事业的发展方向、学校教育的地位、优质教育资源的供给渠道和学校课后服务格局进行了重新定位,其背后所隐含的深层逻辑是引导基础教育公共服务体系回归公共性。具体是指引导校外教育回归社会主义方向、重新确立公共教育体系主导地位、扩大校内优质资源及选择机会,以及构建中小学课后服务体系大格局。

教育公平在"双减"格局影响下引发了新的结构性矛盾:校际质量差距成为学业成就差距的重要诱因;家教成为阶层文化再生产的关键机制;这一转型还使得区域家教行业分布成为影响学业成就的重要因素。因此,为保障公平性条件促进教育公共性建构,建议继续推动优质教育资源区际及校际均衡、科学合理的丰富中小学课后服务资源及其形式以及增强私人家教活动有序性及公益性。

6. "双减"背景下如何实现课堂教学的应教尽教

周序在 2021 年第 12 期《中国教育学刊》撰文认为,课堂教学需要做到"应教尽教"。

"应教"的范围,应该由教师依据对整个学科知识的宏观把握以及自身的教学经验来确定,需要能够帮助学生勾勒出本学科的知识框架,以及能够推动学生进入他们的"最近发展区",突破知识学习过程中一些理解上的障碍,进入更加广阔的知识天地。这样一来,教师教的知识量未必大,学生却能学得多;学业负担有所降低,学习的深度却明显上升,这无疑是我们应该努力的方向。

"应教"需要通过"尽教"来实现。如果说"应教"强调教师对教学内容的筛选要更有科学性,那么"尽教"所关心的就是如何教、如何提高教学的吸引力、有没有真正把学生教会的问题。当学生的积极性被调动,参与的热情被激发,那么知识训练的过程就不再是一种"负担",而是充满了愉悦感乃至成就感。这样的知识训练反过来还可以给"应试"提供帮助。这样的课堂教学,方为"尽教"。

"应教尽教"的关键在于找出学科知识体系中的关键环节、重要节点,通过搭建起知识和经验之间的桥梁,高效地给学生教明、讲透,做到教师教得少,学生学得深,从而实现课堂教学的"减量提质",真正促进减负工作的落实。

7. "双减"背景下中小学作业改进研究

杨清在 2021 年第 12 期《中国教育学刊》撰文认为,中小学作业改进必须关注以下三个核心问题:

1. 控量提质:把握作业"质"与"量"之间的平衡。作业控量提质的关键在于"整合"。"控量"不是盲目减量,更不是完全不要作业。要在有限的作业时间之内,最大限度地发挥作业的全面育人功能,关键在于"整合"。其基本原则是,作业要围绕具体目标,依据学生的认知逻辑和学科的知识逻辑进行结构化设计,以便在有限的作业时间内,最大化促进学生思维的参与和情感的投入,绝不能为了整合而整合。

2. 增加选择:作业在促进学生基础发展与满足个性需求之间的协调。分层、弹性和个性化作业发挥作用的基本前提是学生认同作业选择,并具有选择作业的能力;教师只有设计科学合理的分层、弹性和个性化作业,学生才可以选择;通过引导、讲评促进学生的积极选择。

3. 协同推动:作业改进与学校教育其他要素之间的联动。因此,教师需明确意义,探索"计划—实施—反思"的作业改进闭环;教研组需加强教研,探讨"标准+"作业的设计与实施;学校需完善机制,加强作业统筹管理。

8. "双减"政策背景下教师工作负担的风险分析及其化解

于川、杨丽乐在 2021 年 11 月 9 日《当代教育论坛》网络首发撰文,分析"双减"政策给教师工作负担带来的风险及化解之策。

教师工作负担的外显型风险为课后延时服务"5+2"模式使教师工作时间延长、工作任务加重;跨区、跨校交流轮岗制度导致教师工作的不稳定性攀升;社会不同立场群体对教师的过度期望削弱教师工作的自主权。

教师工作负担的内隐型风险为学科类培训机构教师再就业,加剧教师工作的竞争压力;教培行业的教职人员需求锐减,教师工作的吸引力降低;教师工作与生活的边界模糊,教师工作、家庭和生活间矛盾凸显。

化解教师负担风险的解决之策:1.学校需鼓励全体教职工积极参与课后服务,明确职责范围,为教师分担压力;实行弹性工作时间等灵活的管理机制,给予教师更多自由空间;学校收入的分配向增加教师薪资福利倾斜,提供必要的物质保障。2.家校联合,明确家庭教育的重要性,承担的角色、责任与义务;家庭给予孩子更多亲情关爱,促成良好的家风家教。3.社区提供假期托管服务,帮助学生更好地融入社会;充分利用少年宫等社会资源开展实践活动,促进兴趣学习和资源共享。形成三方联动、多主体协同的风险分散。

9. "双减"后,如何拥抱素质教育

陈鹏、褚思佳在 2021 年 9 月 6 日第 7 版《光明日报》撰文认为,随着"双减"政策落地,素质教育迎来政策红利期。众多家长从学习培训班里解放出来,转而注重培养孩子兴趣爱好。比家长动作更为迅速的是,多家大型校外培训机构已集体变更经营范围,新增了非学科类培训内容。但是,学校始终是素质教育的主体,校外培训机构只能起补充作用。素质教育的具体内涵和实施要求不断明确:"以培养学生的创新精神和实践能力为重点""尊重学生身心发展特点和教育规律,使学生生动活泼、积极主动地得到发展""把德育、智育、体育、美育等有机地统一在教育活动的各个环节中"。素质教育像一辆小车,家校"力往一处使"才不"跑偏"。随着教育改革逐步推进,全国多地正在探索将艺术类科目纳入中考改革试点,纳入高中阶段学校考试招生录取计分科目。兼顾分数与全面发展,需要联动教育评价改革。解决素质教育和应试教育之间的矛盾需要一个过程,只有在人们淡化了对社会资源的竞争性选择、不那么在意学历高低后,这个矛盾才能从根本上得到解决。

10. "双减"政策落地应回归立德树人初心

周洪宇在 2021 年第 12 期《中国教育学刊》撰文认为,"双减"政策落地,必须坚持以习近平新时代中国特色社会主义思想为指导,着眼建设高质量教育体系,强化学校育人主体地位,回归立德树人初心。要回归立德树人初心,就必须聚焦减轻作业负担,全面压减中小学生的作业总量和作业时长,立足学生身心健康;必须聚焦规范校外培训,严禁将教育与资本捆绑,借助教育运作资本,坚持从严治理;要回归立德树人初心,就必须聚焦学校主阵地,提升学校教育质量;必须聚焦课后服务,充分利用课后时间,开展丰富的课后育人活动,推动课后服务育人,满足学生多样化需求;必须聚焦家校社协同,推进协同育人共同体建设,努力形成家校社减负共识;必须聚焦统筹推进,警惕资本从义务教育阶段向学龄前阶段和普通高中阶段无序流动;必须聚焦试点先行,积极推广试点城市的探索经验。